Chiquita publishing

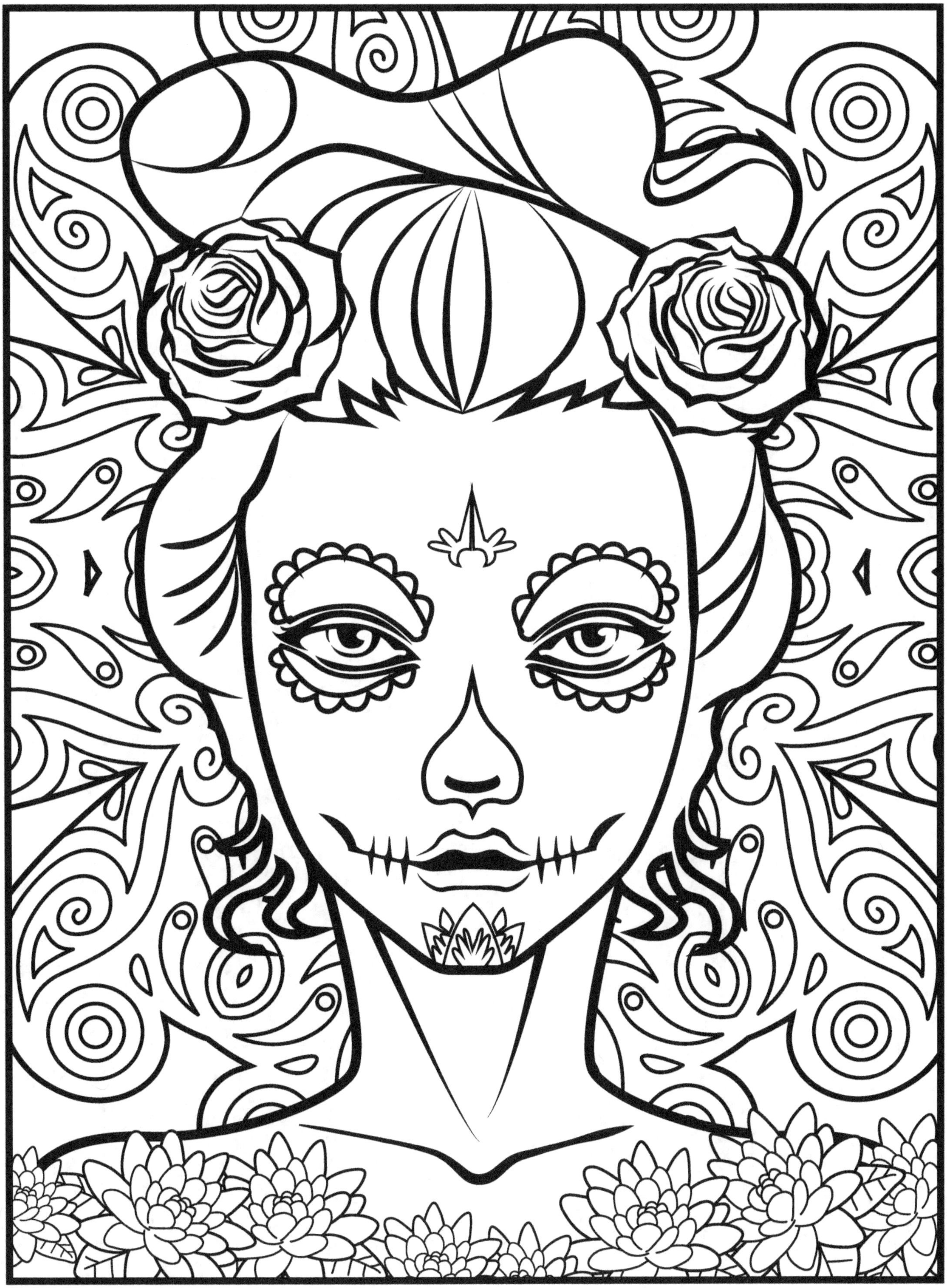

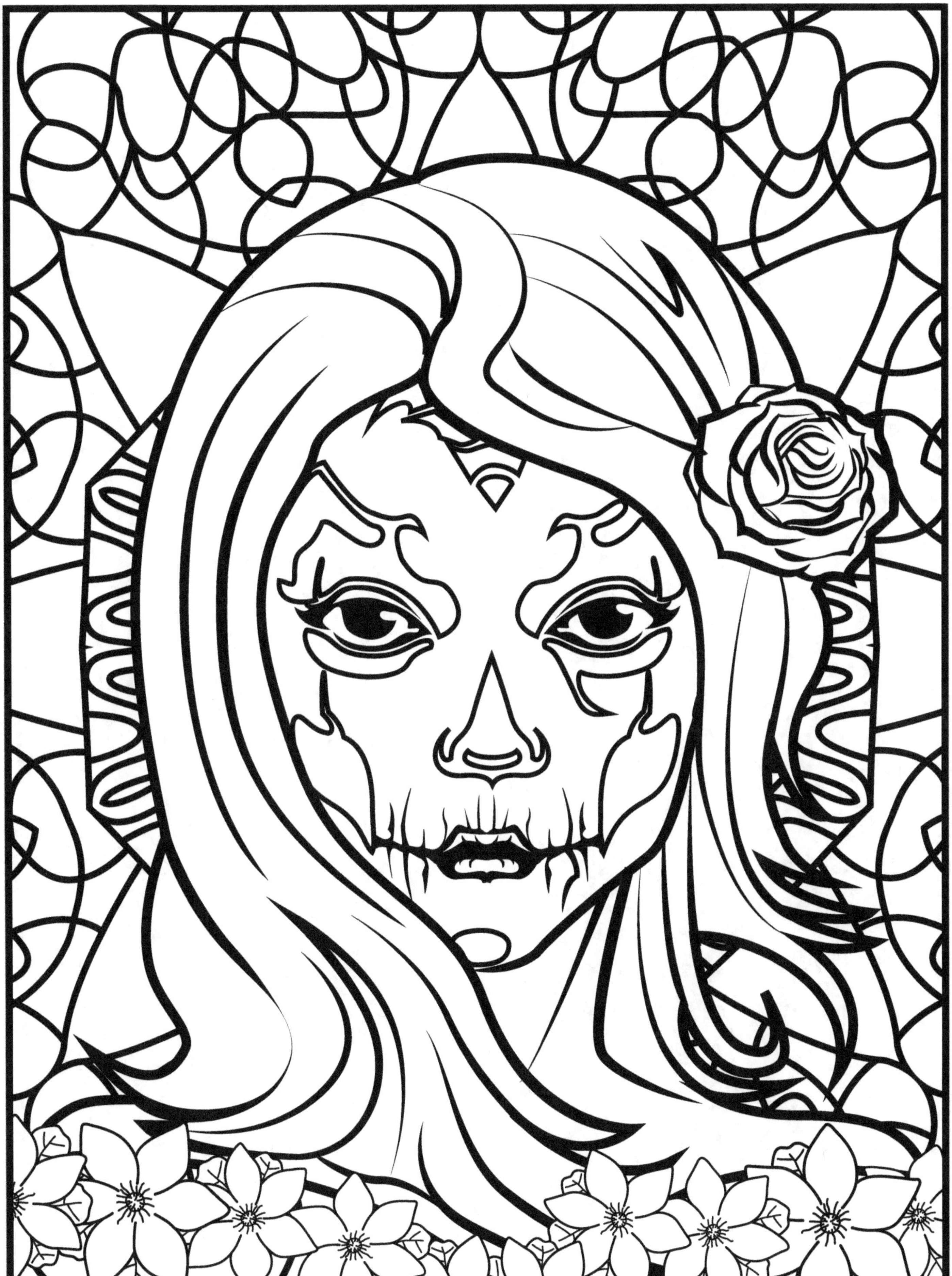

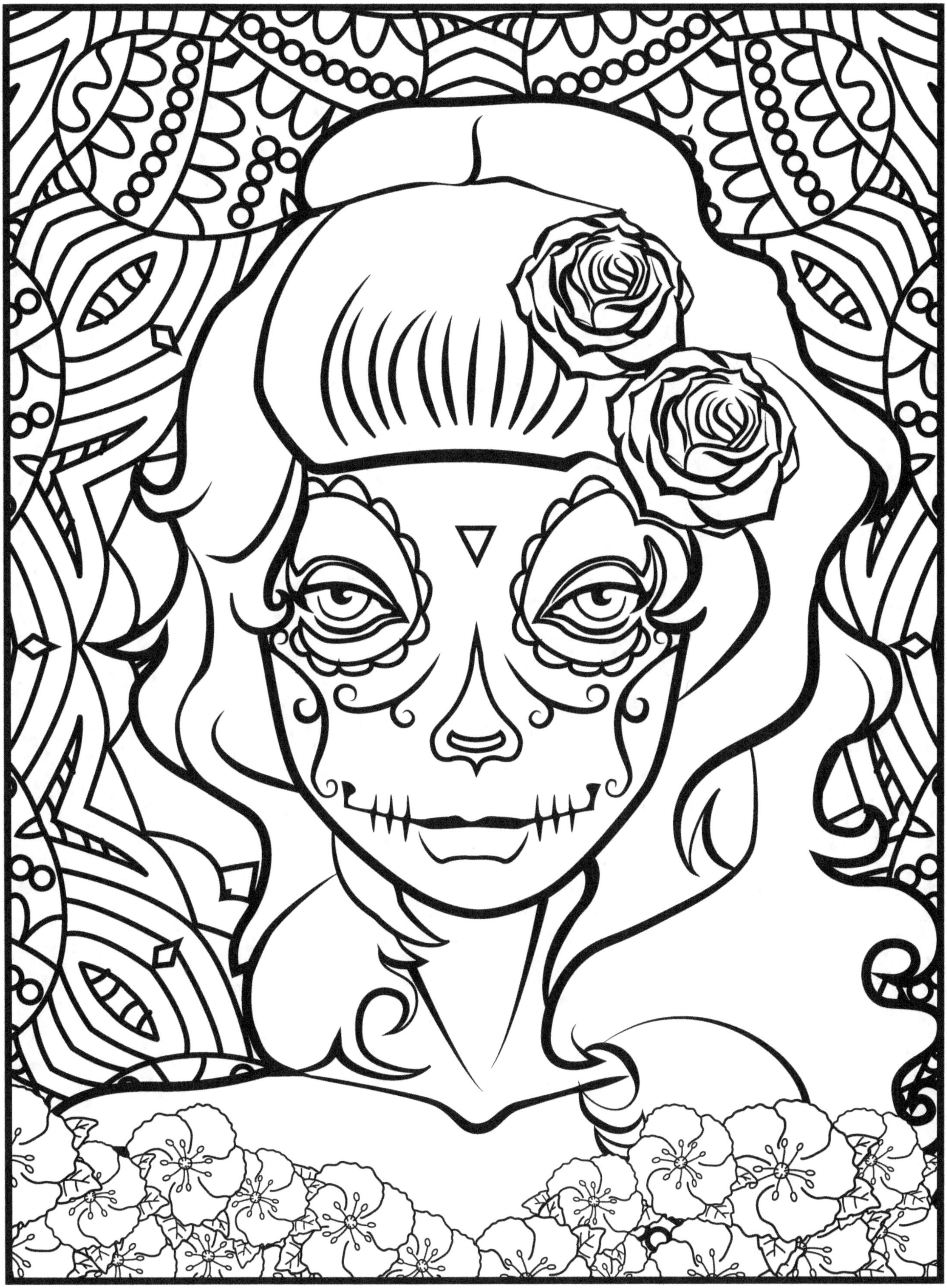

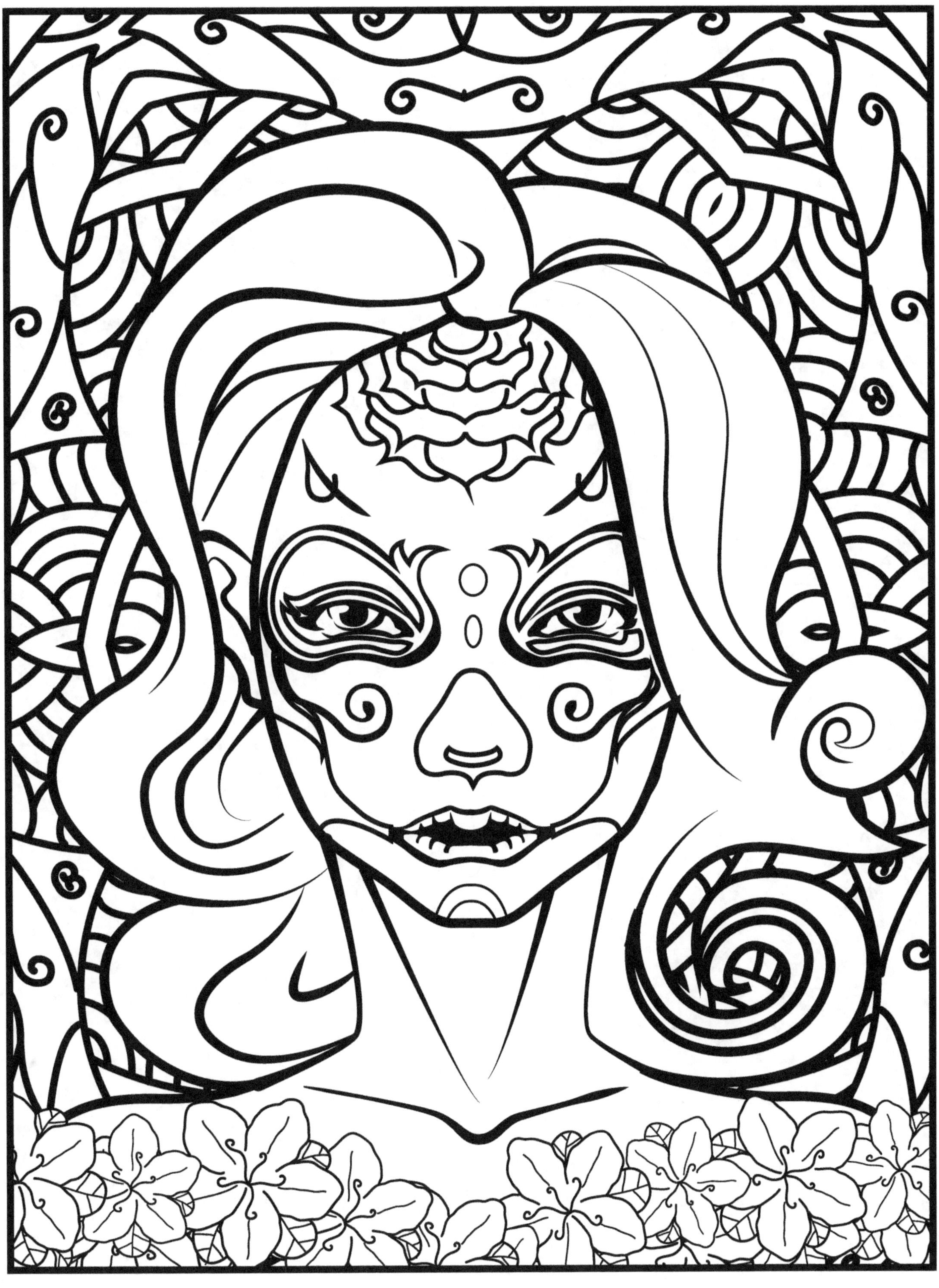

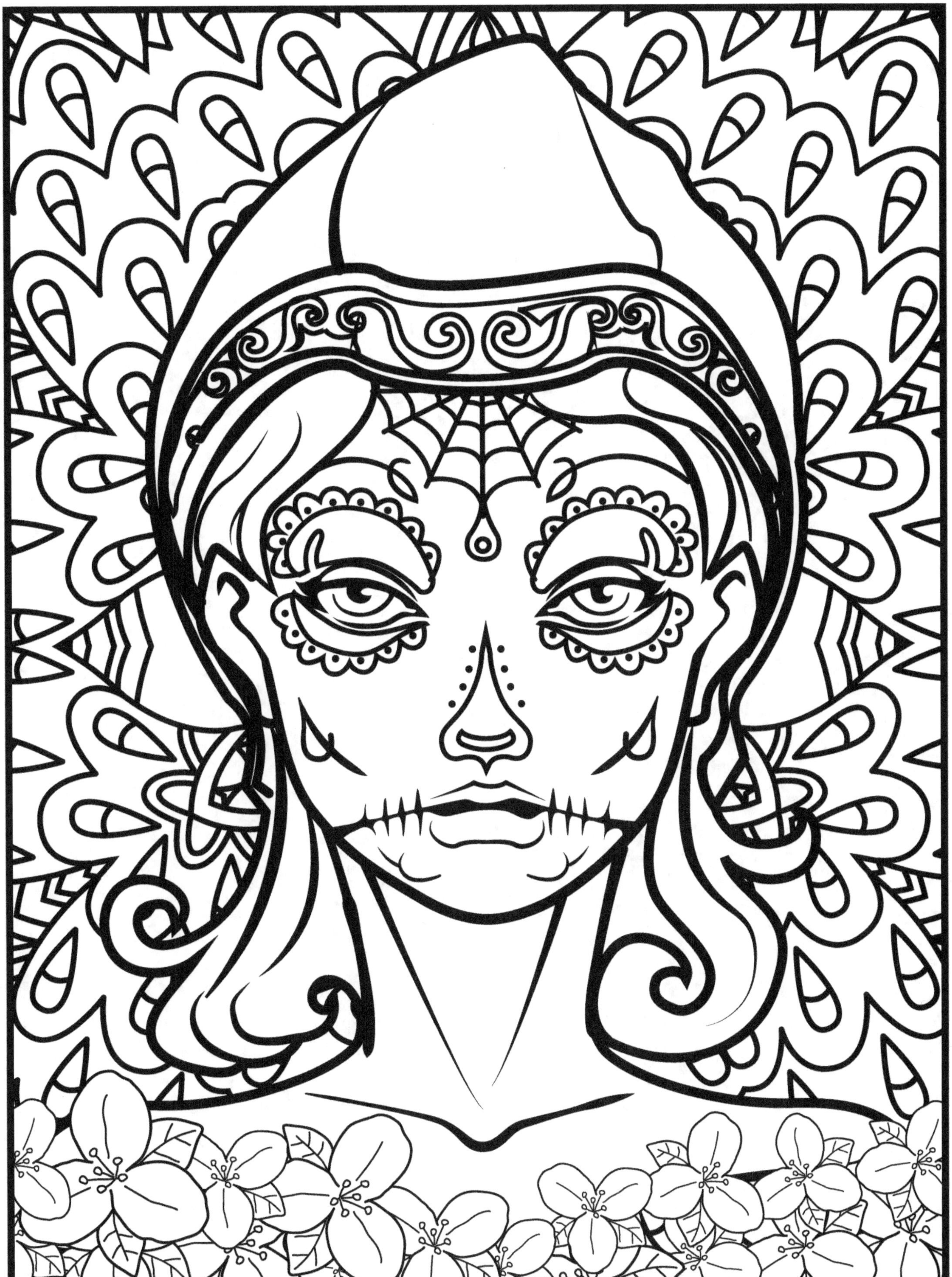

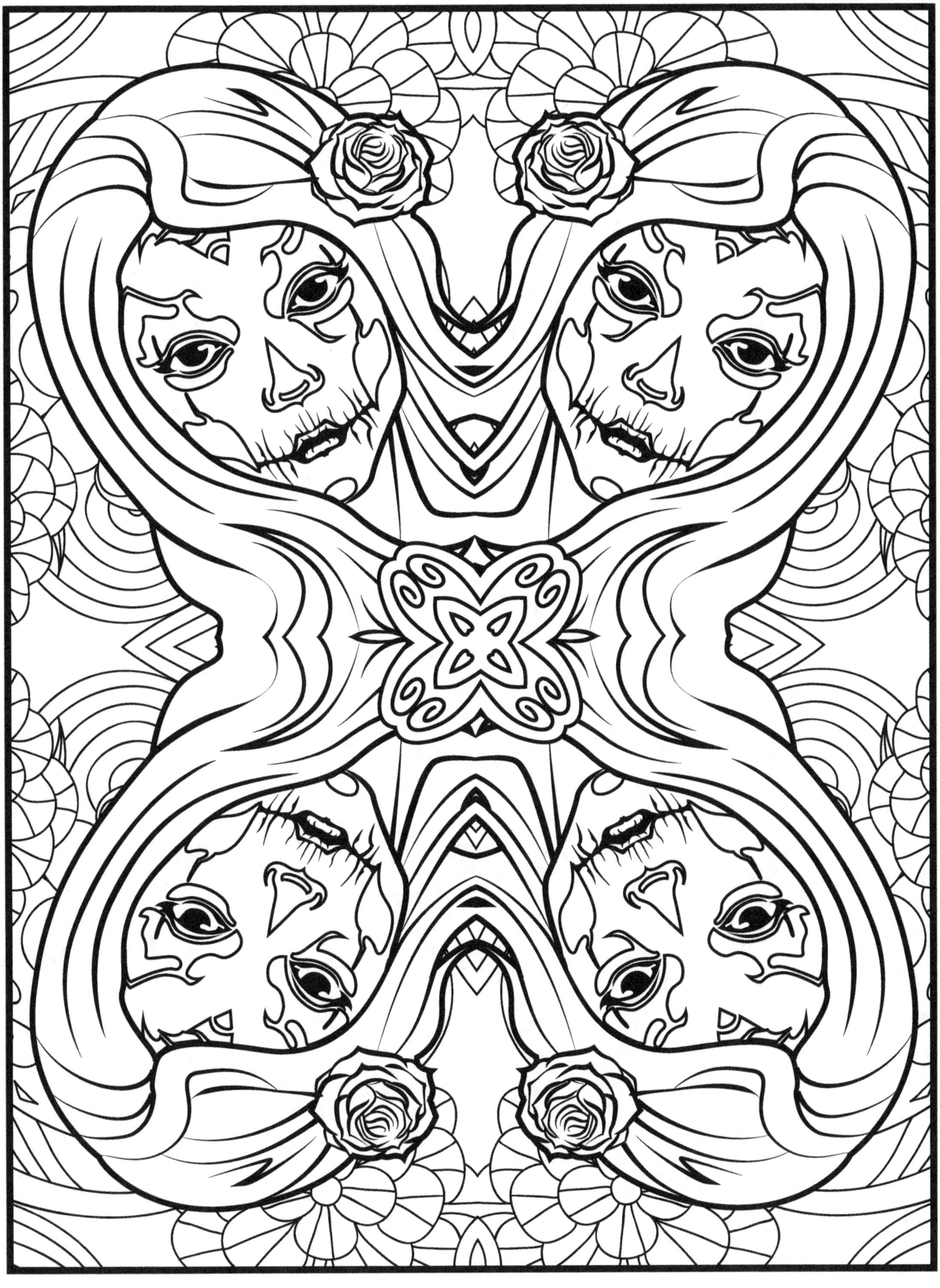

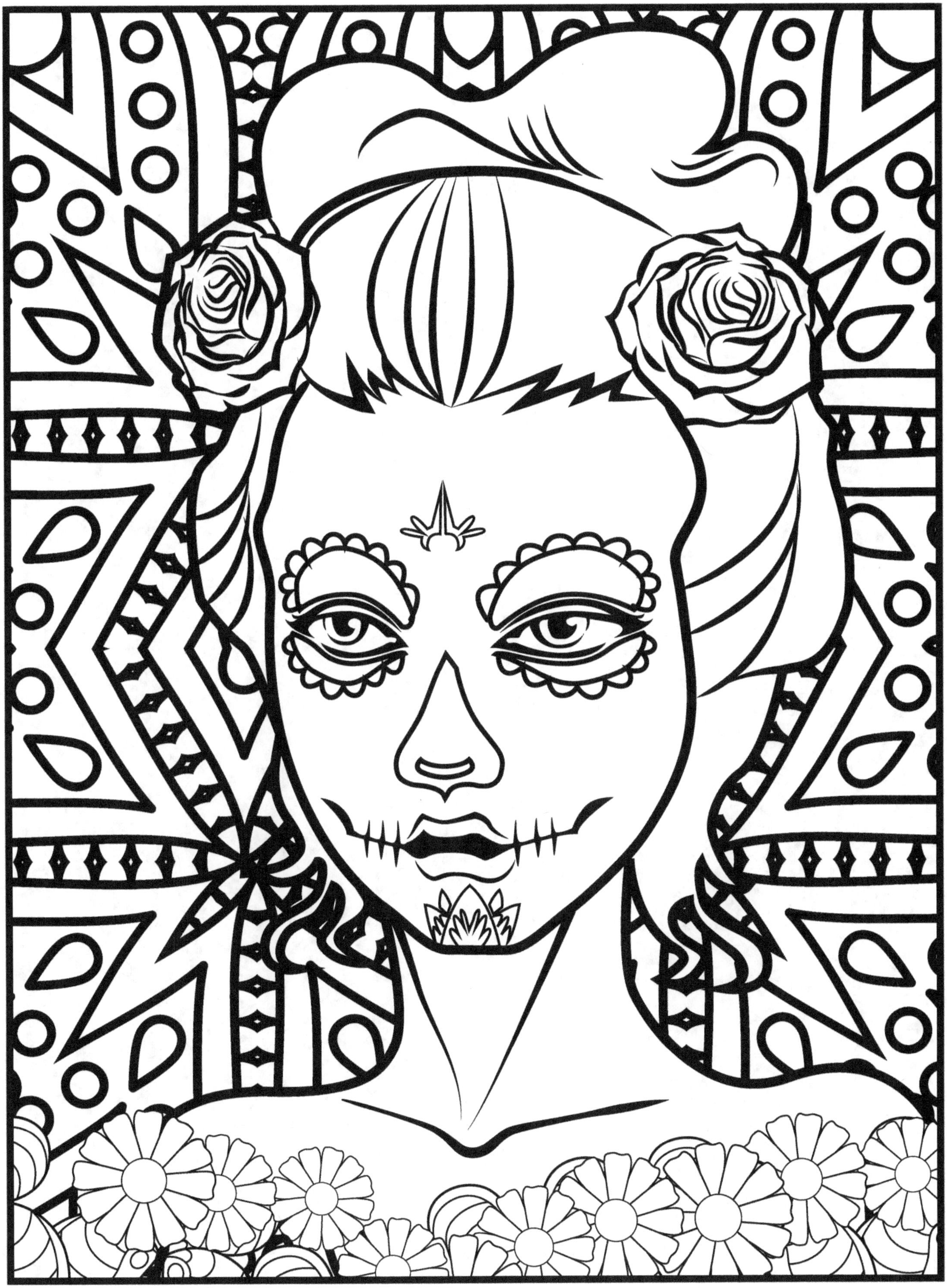

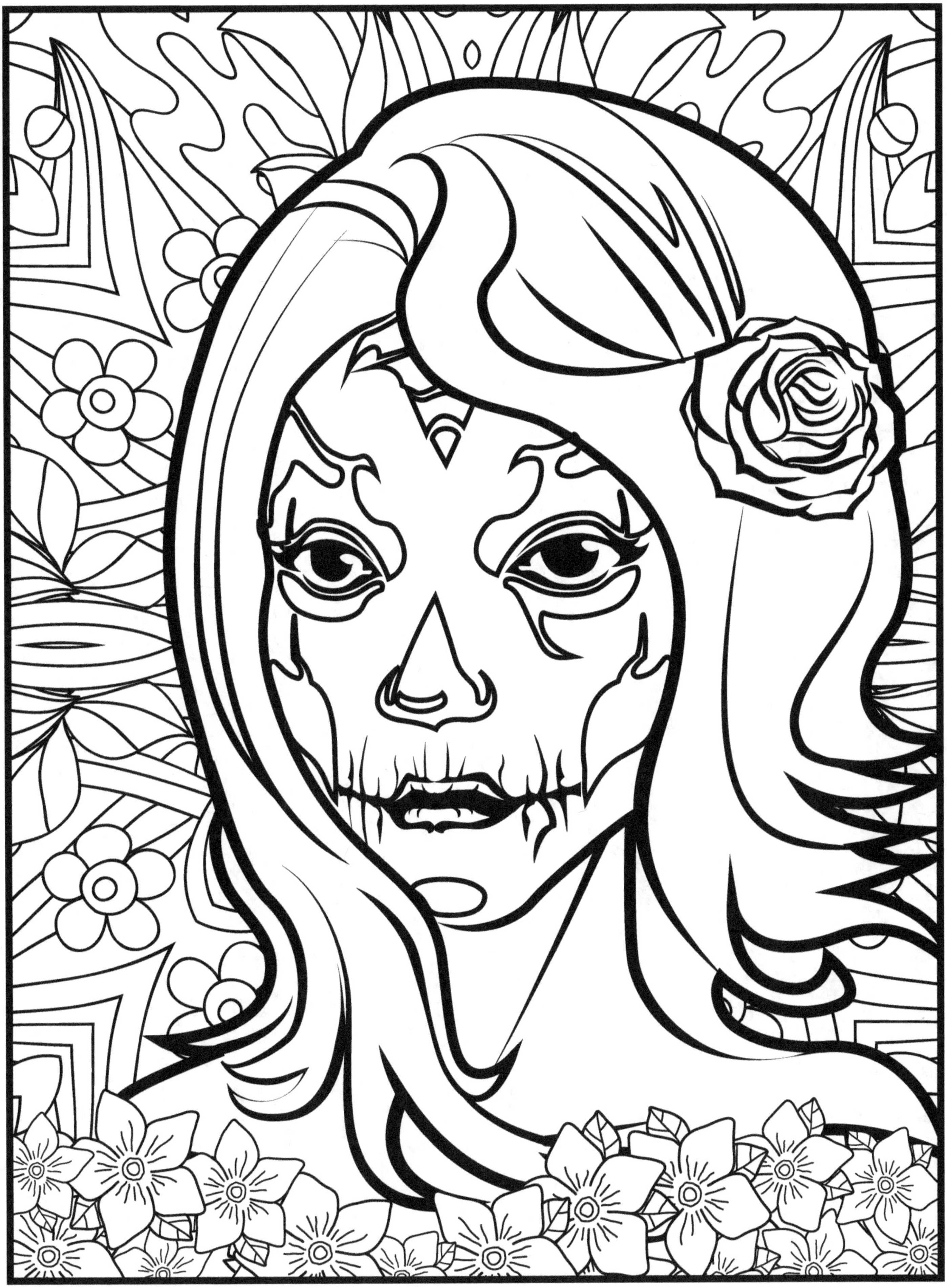

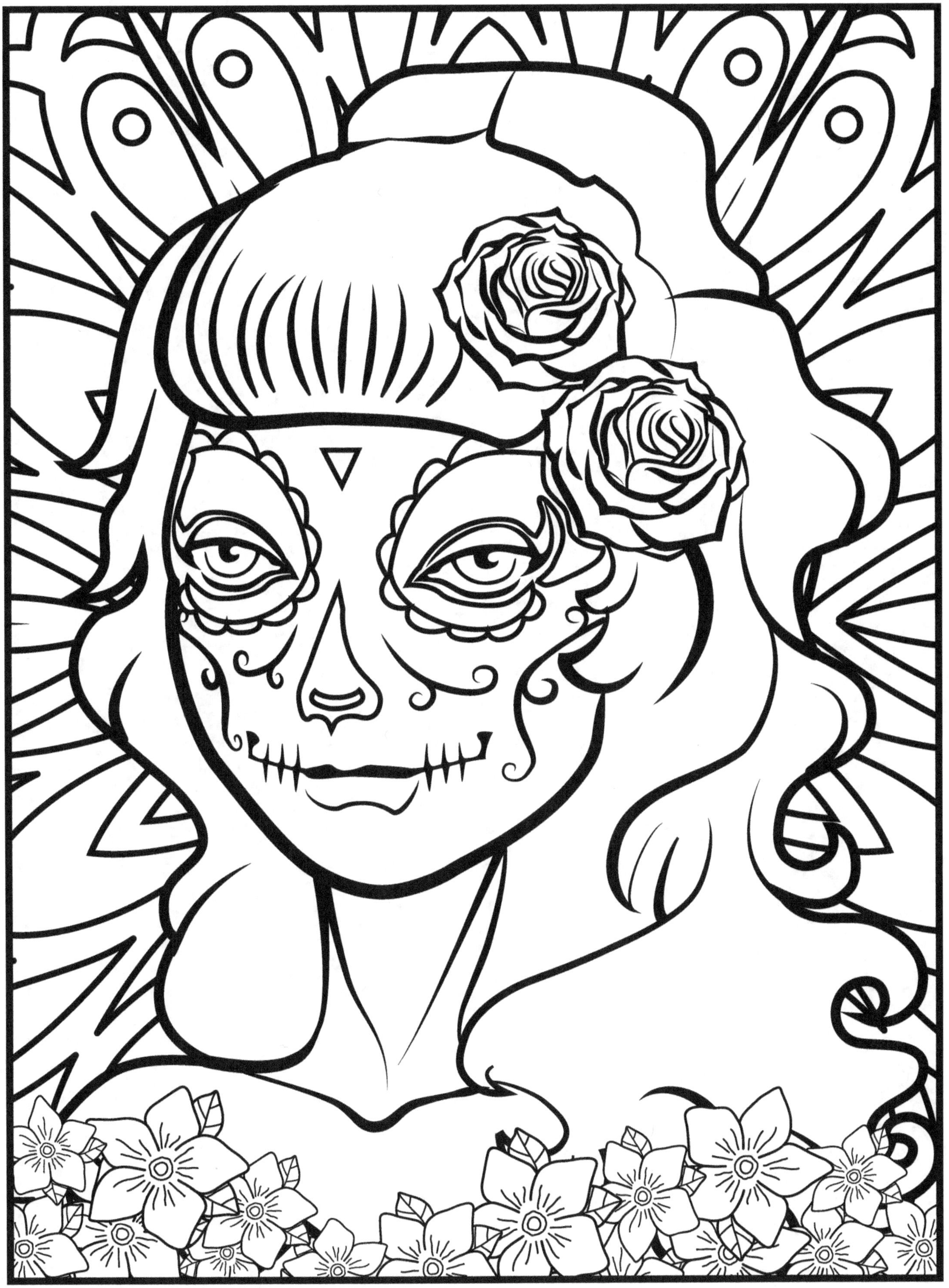

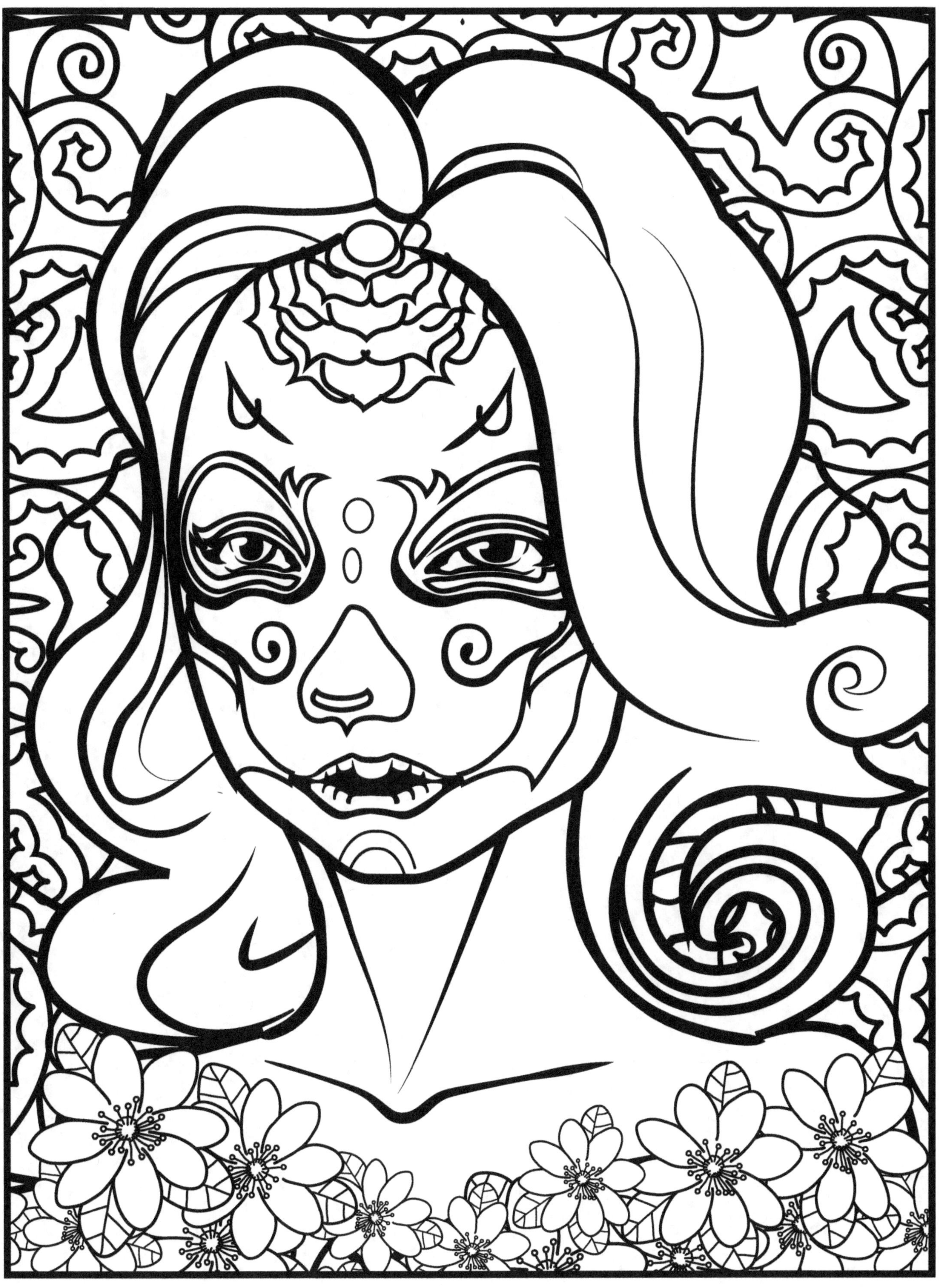

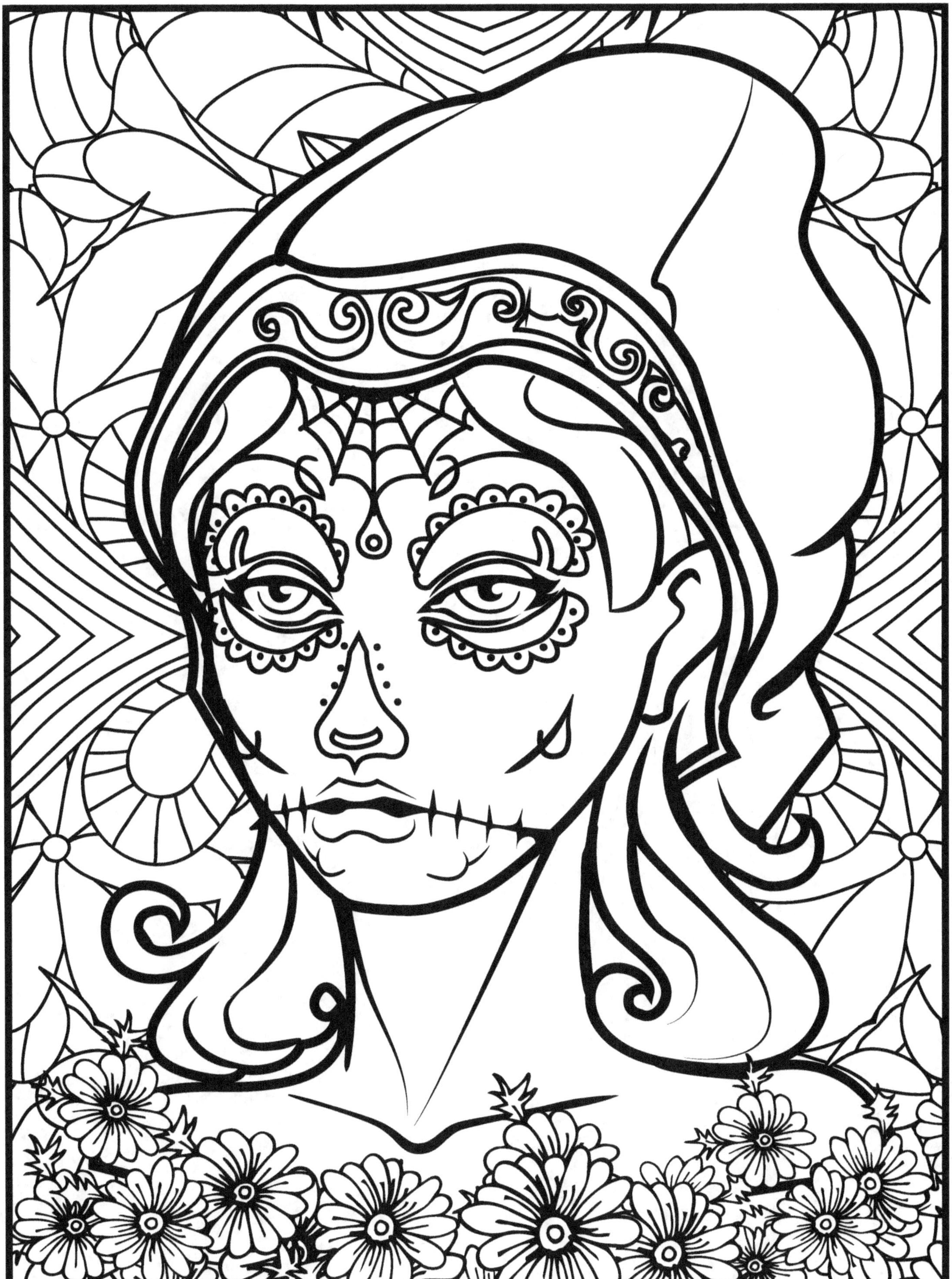

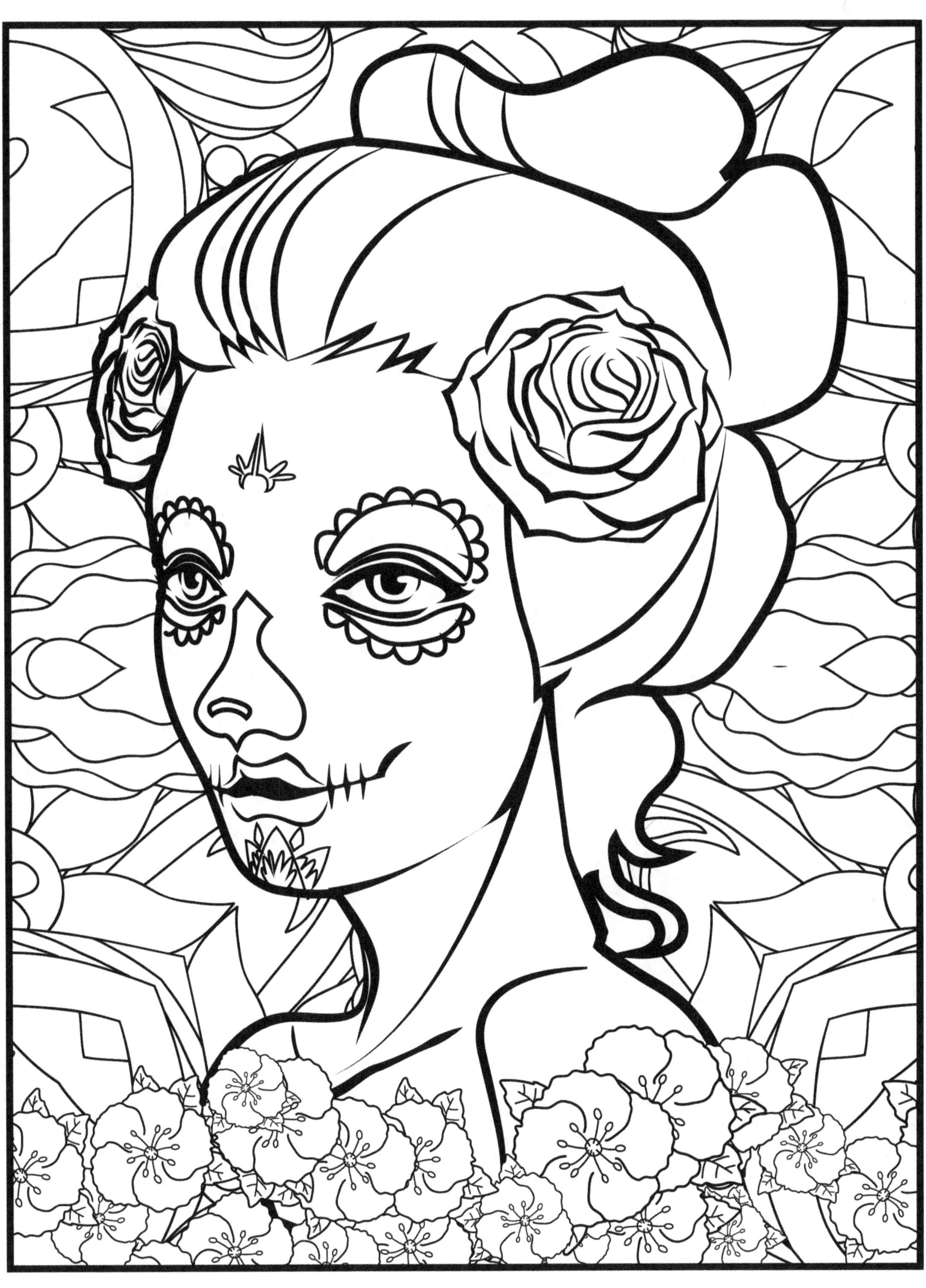

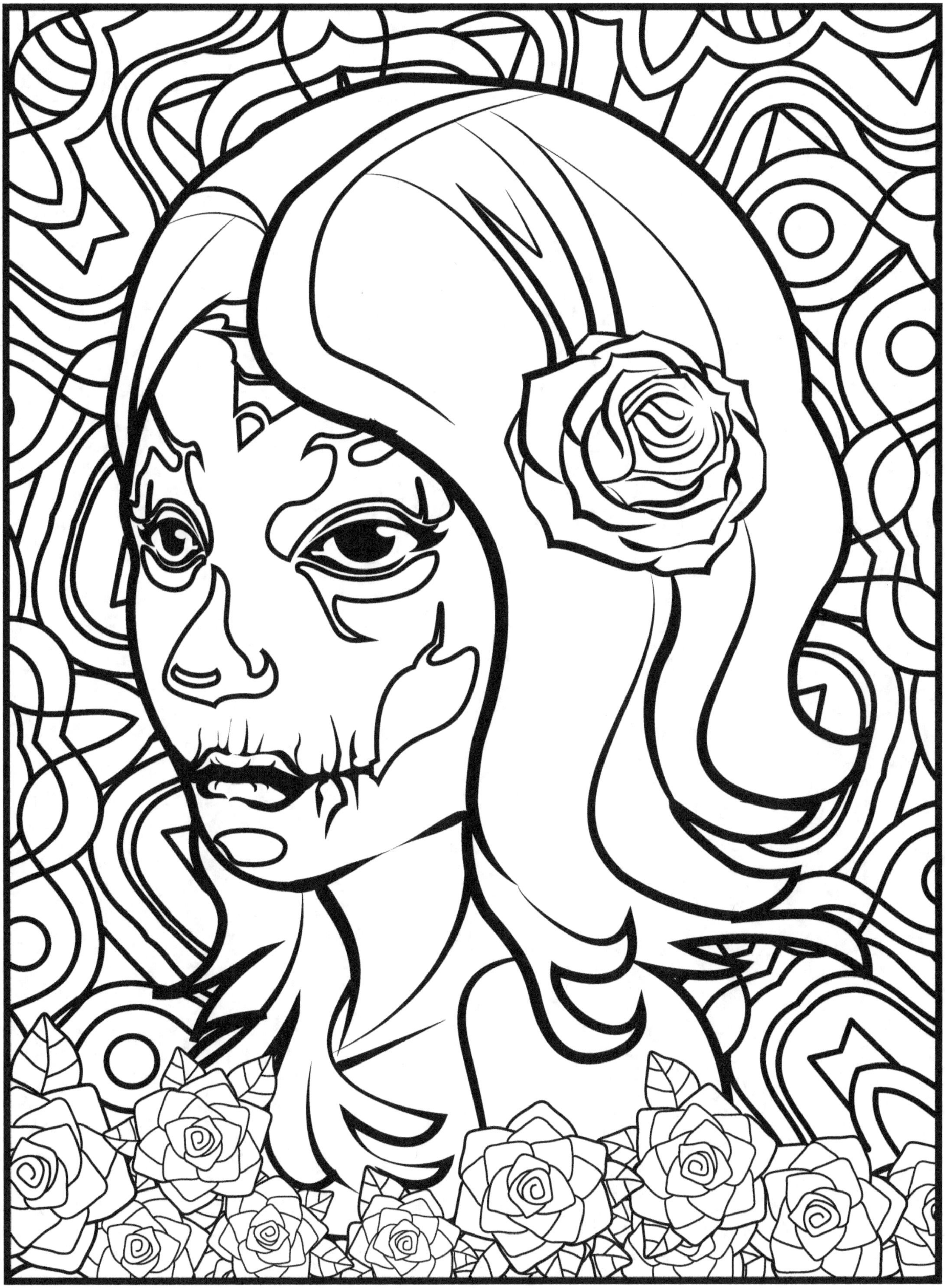

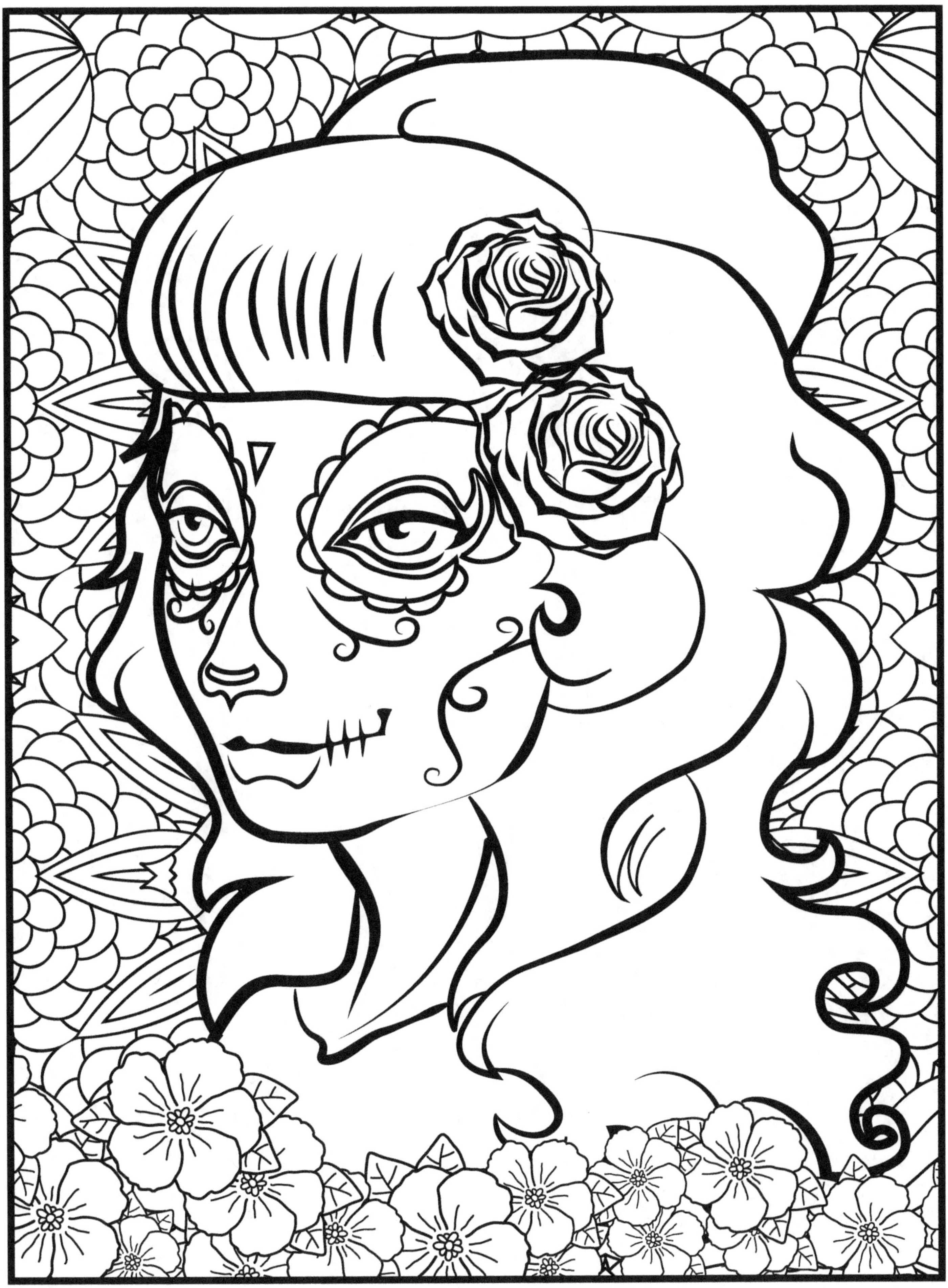

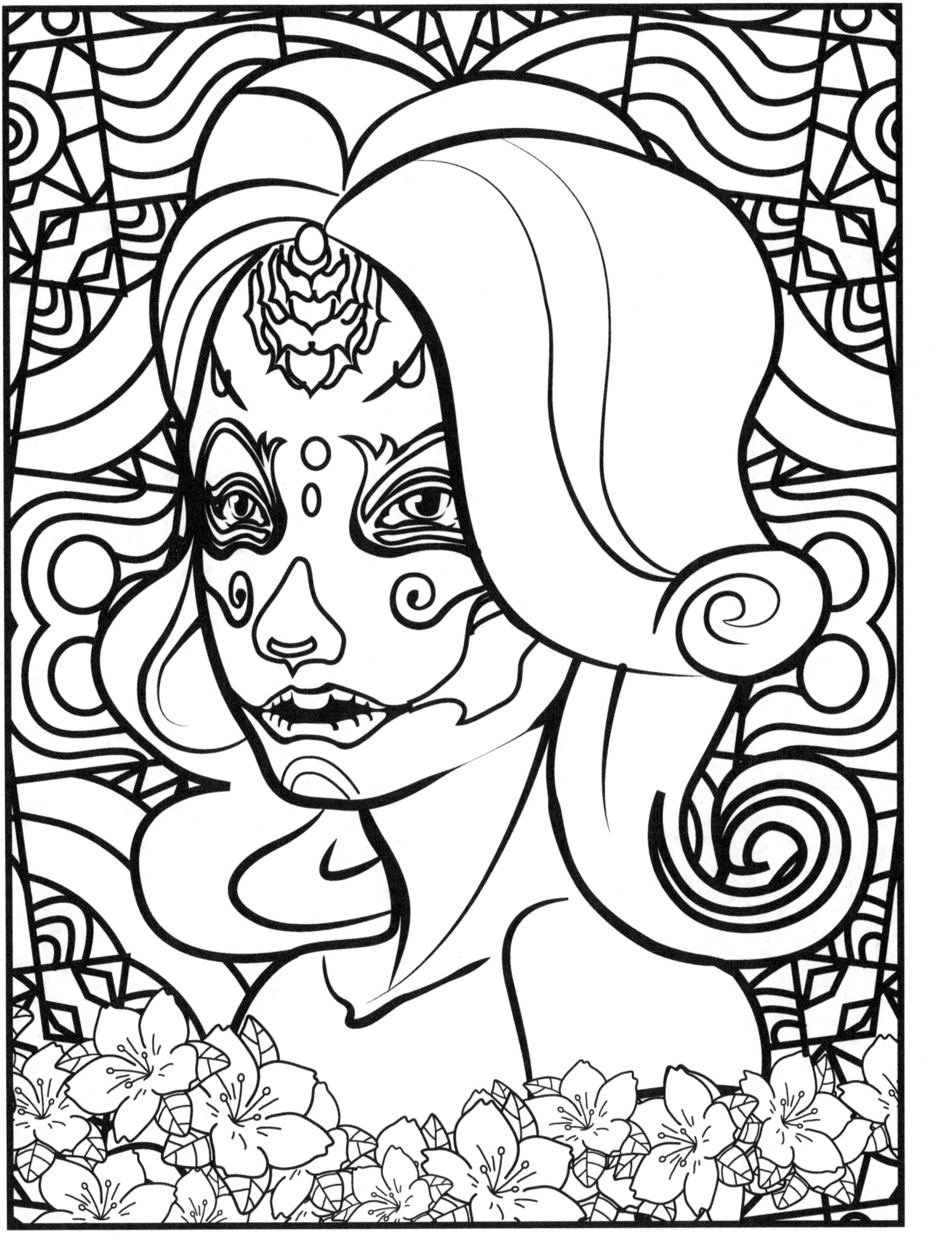

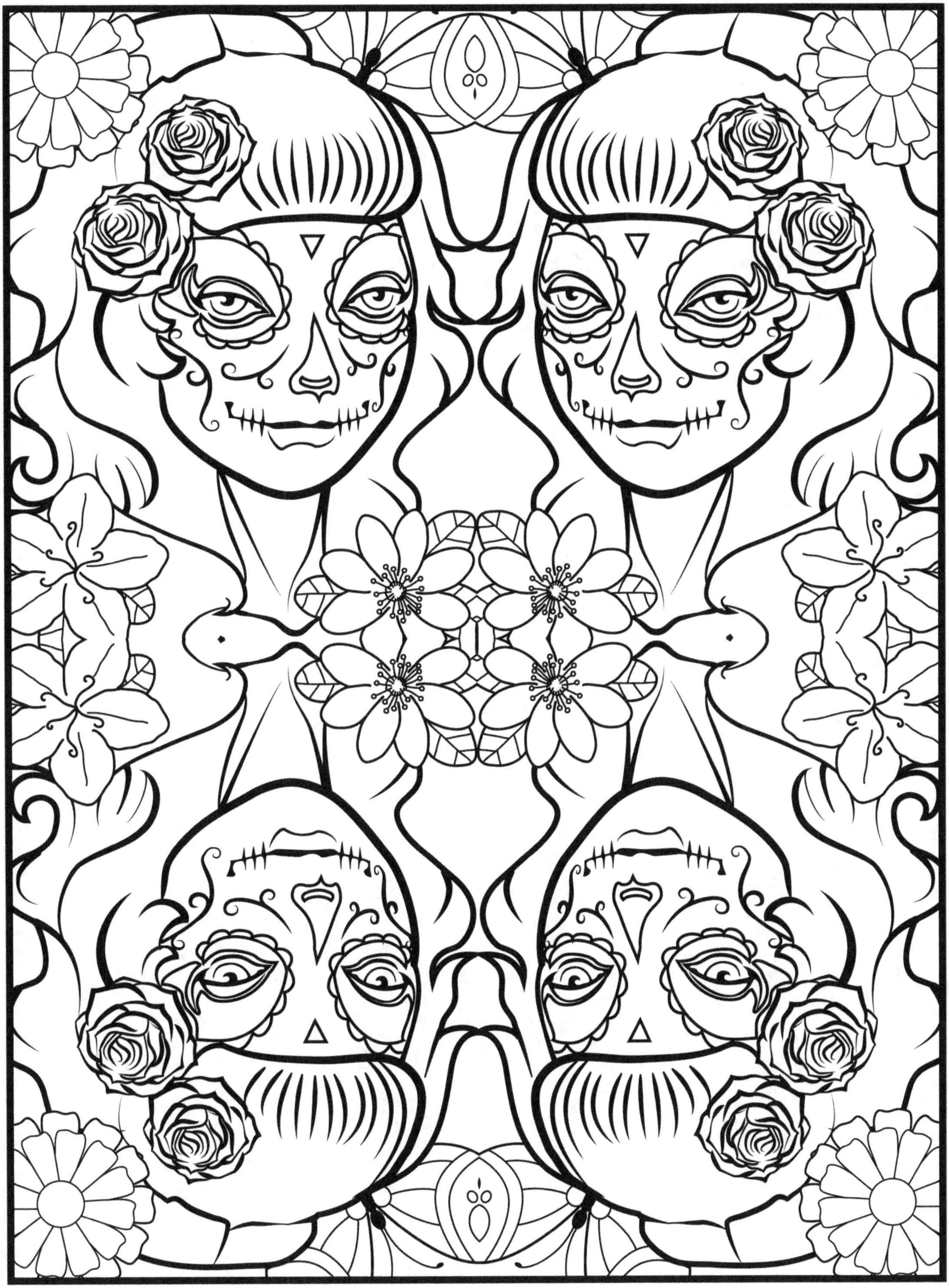

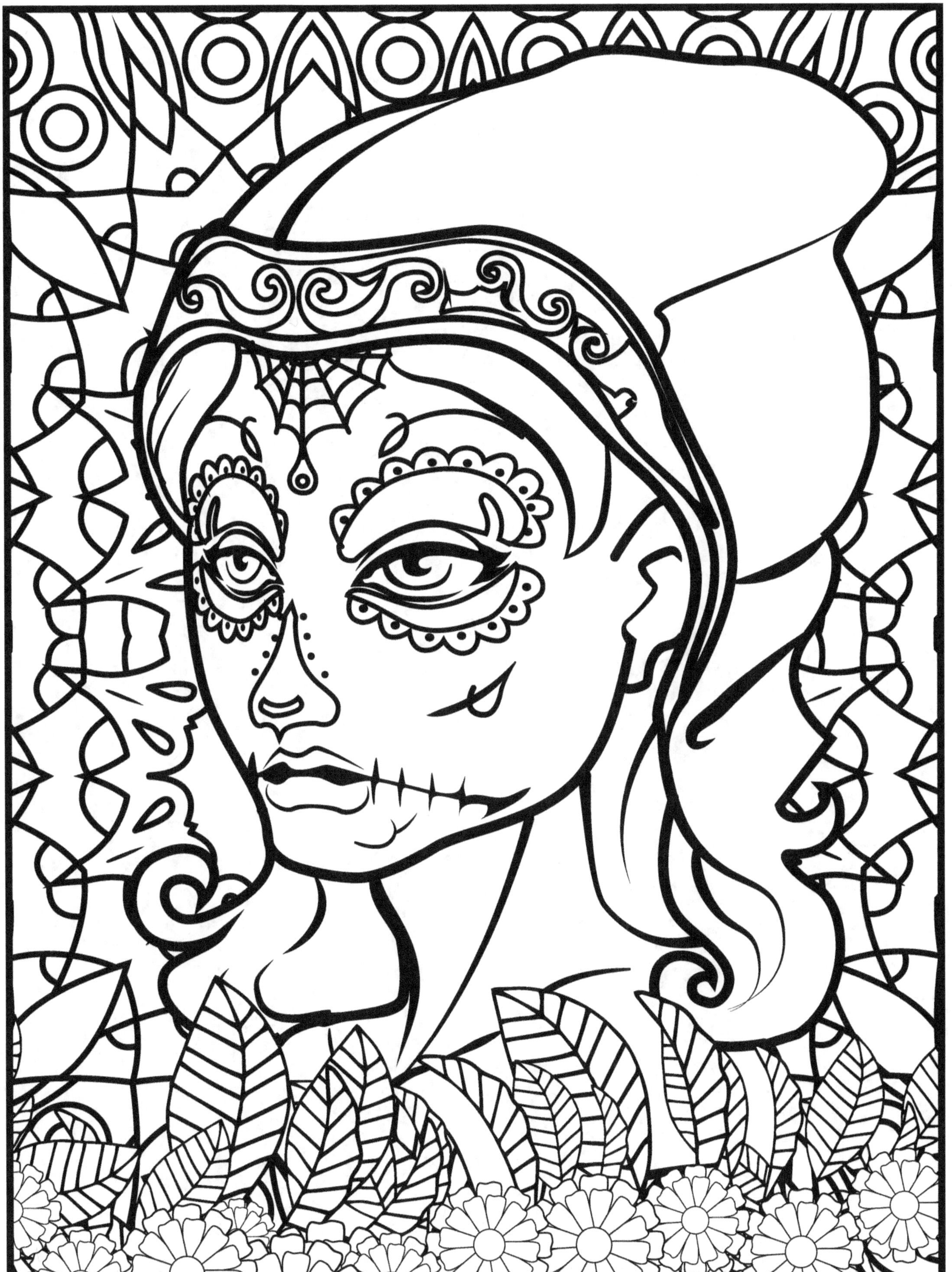

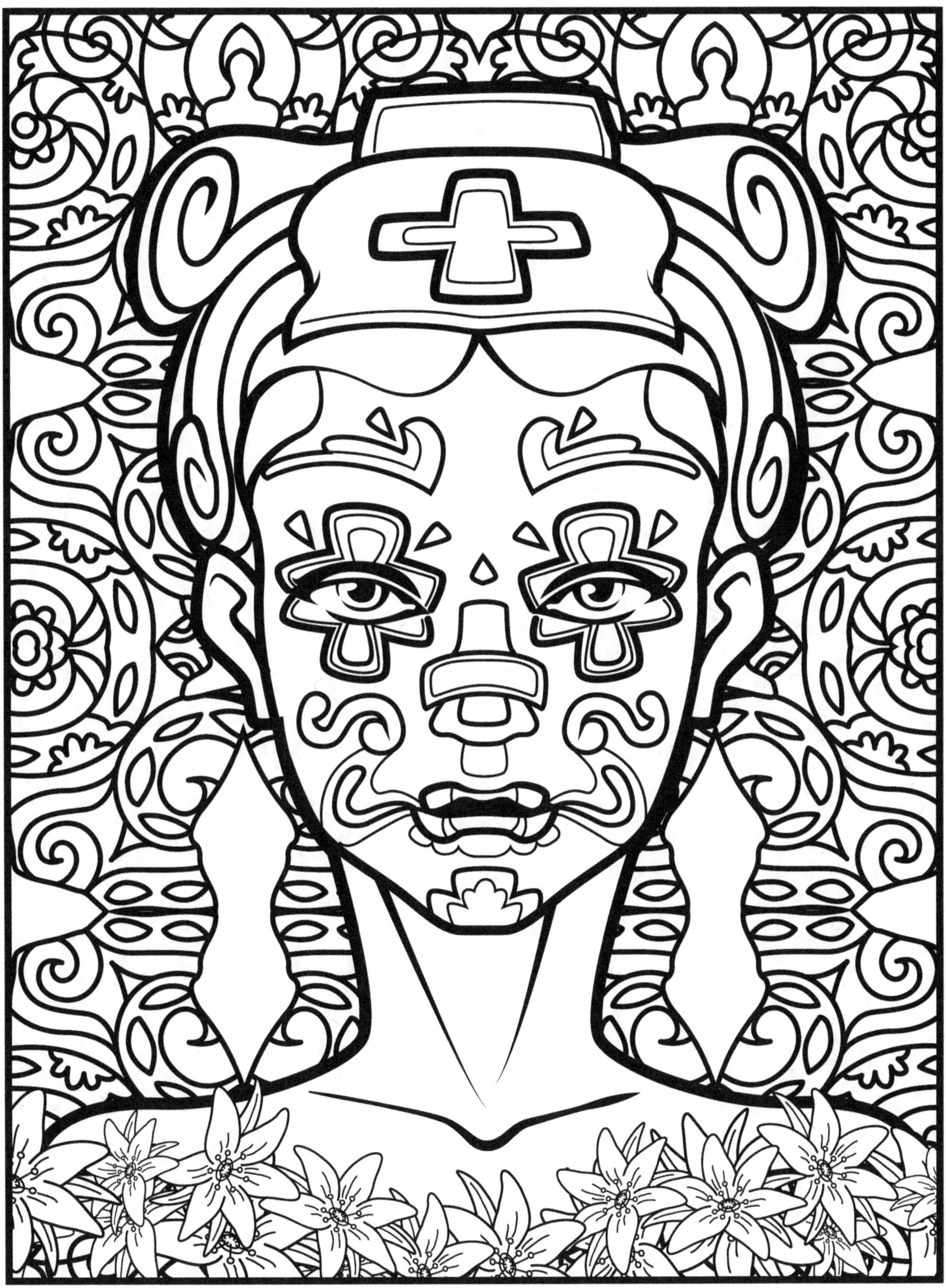

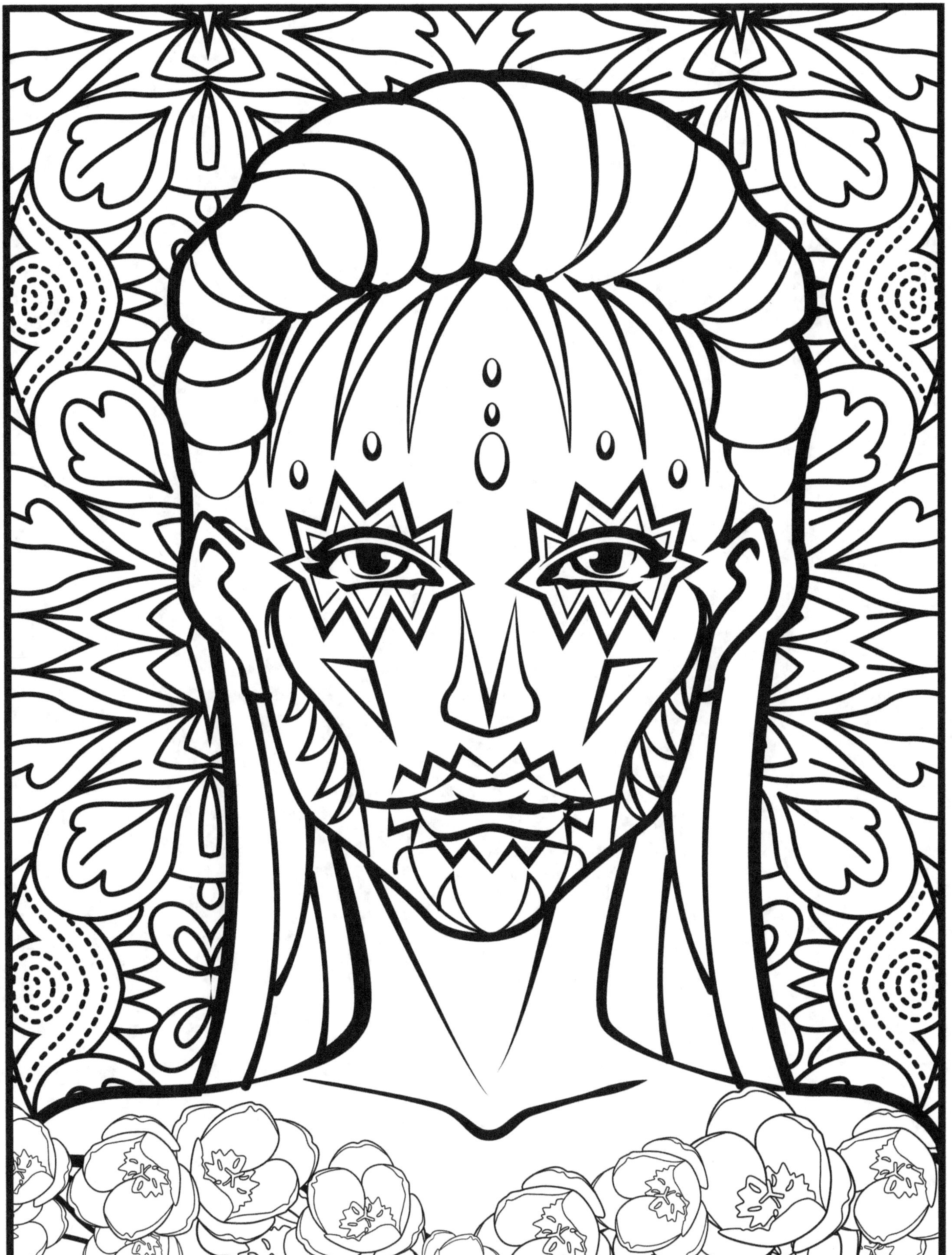

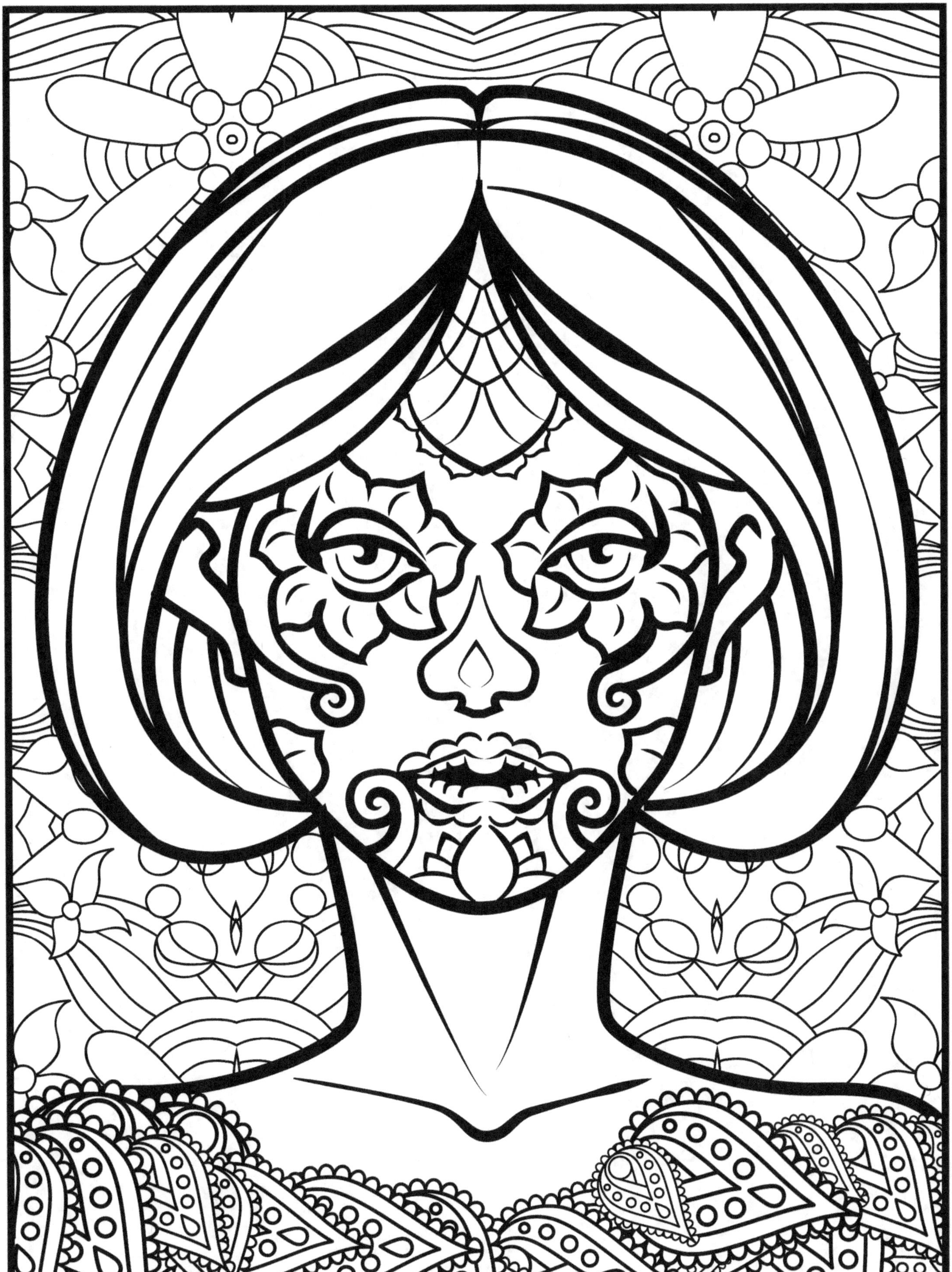

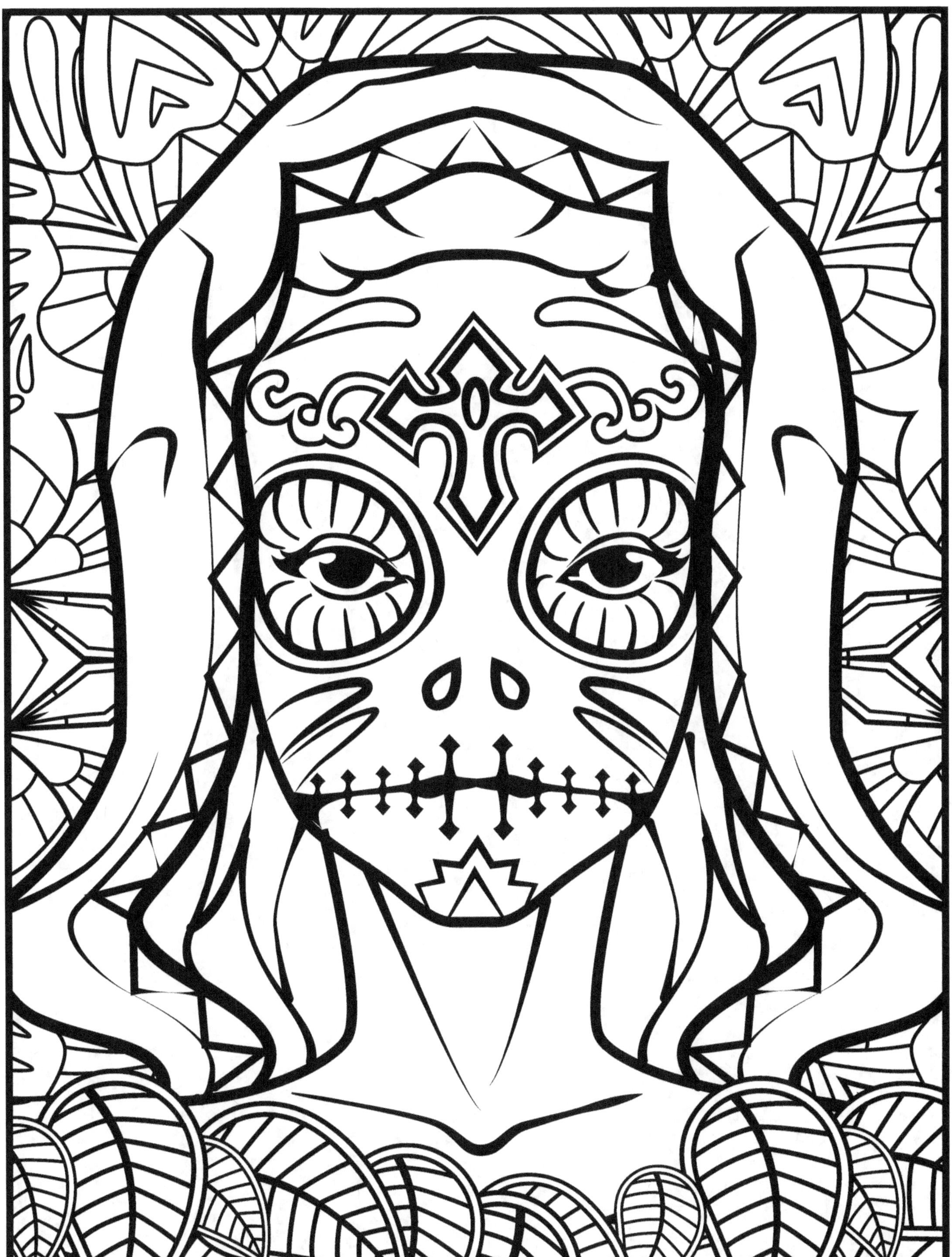

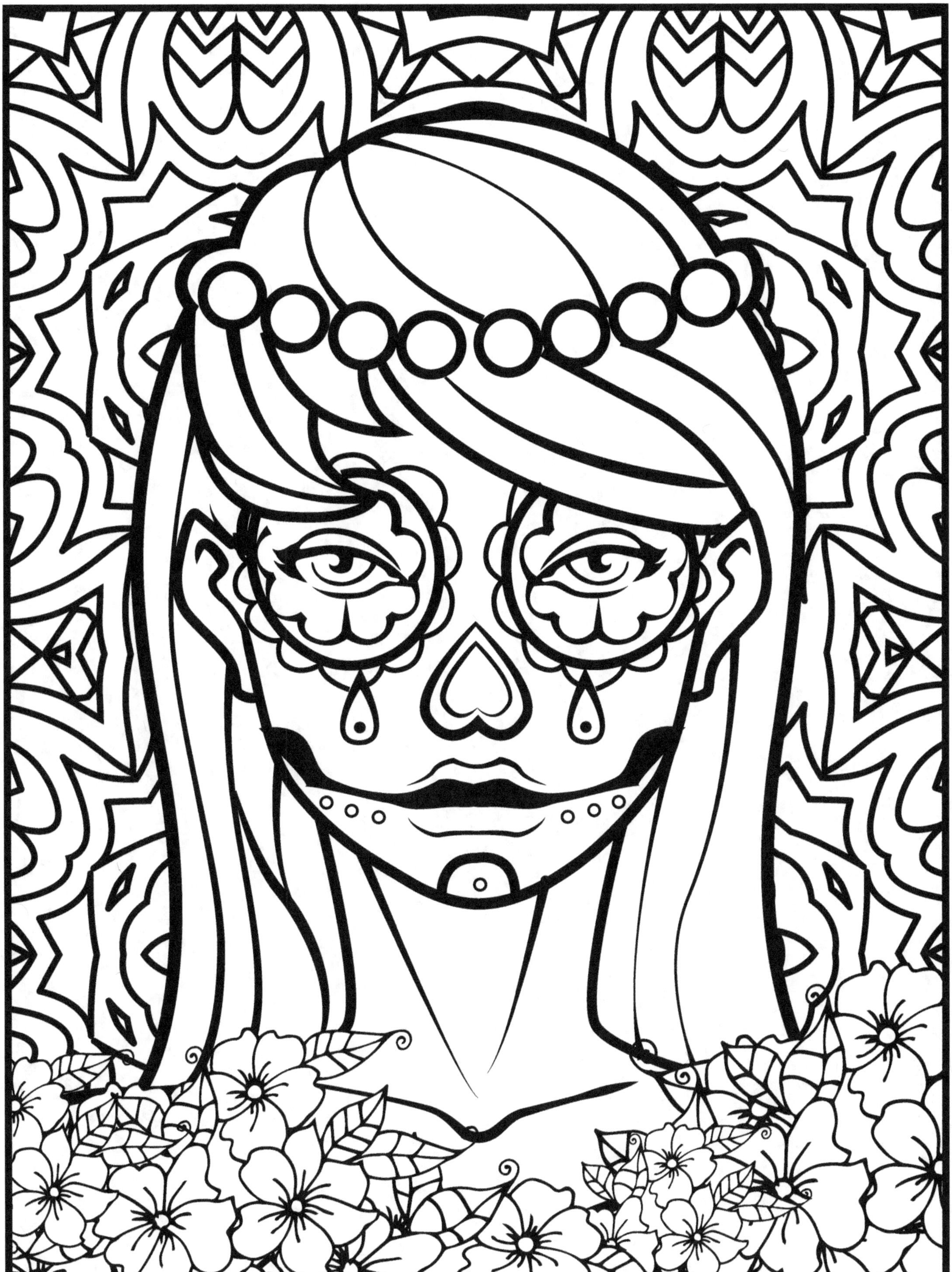

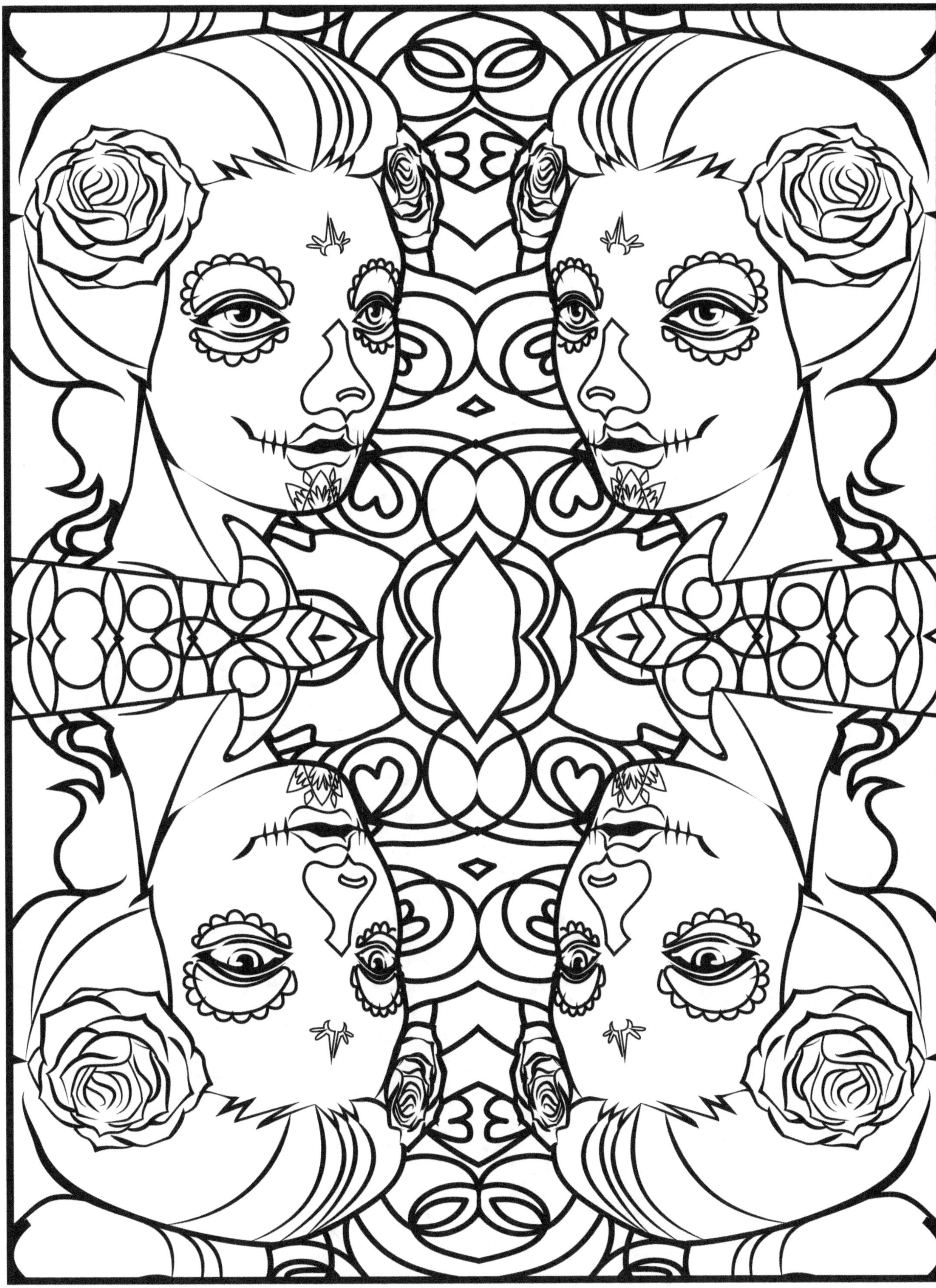

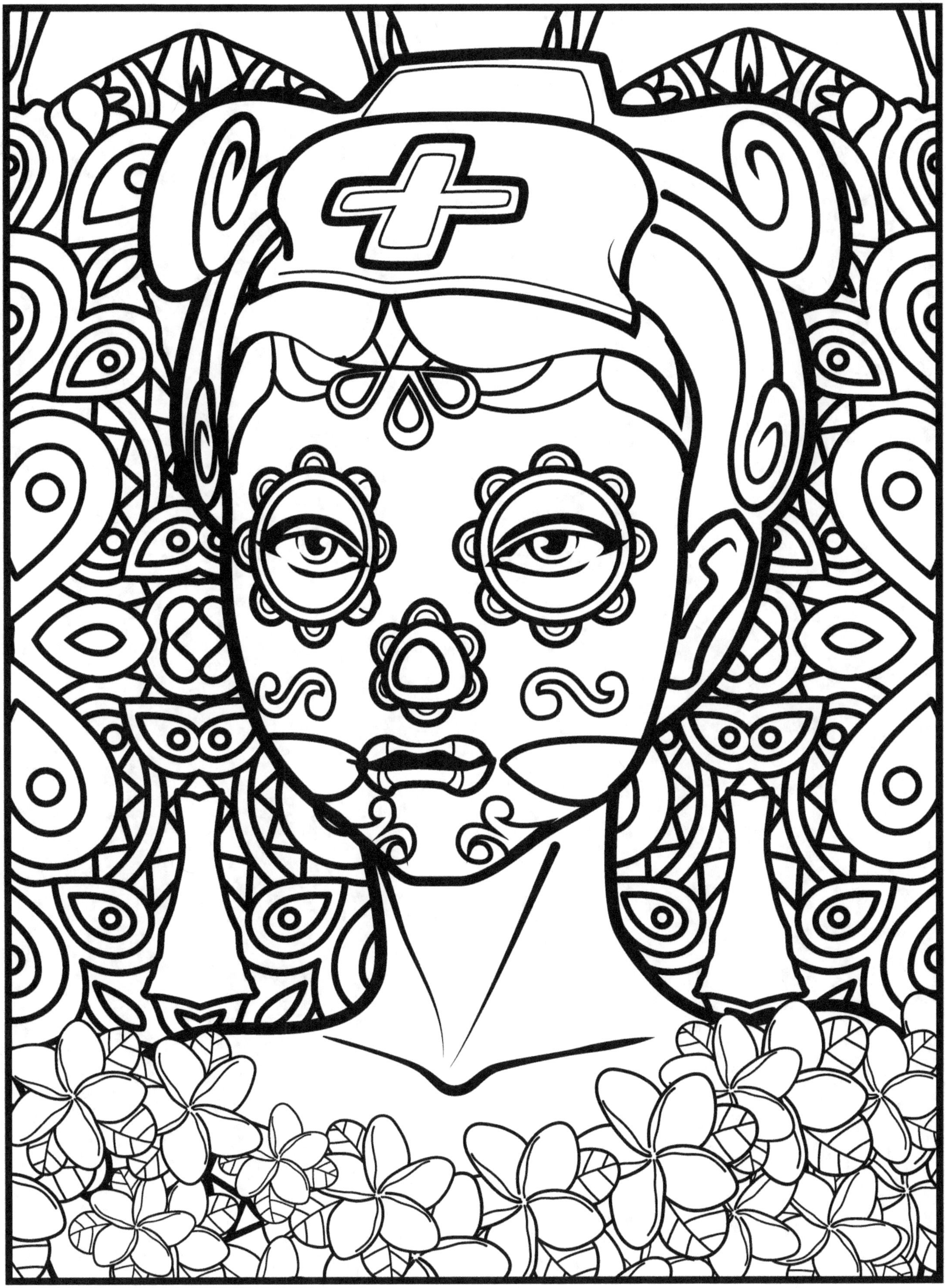

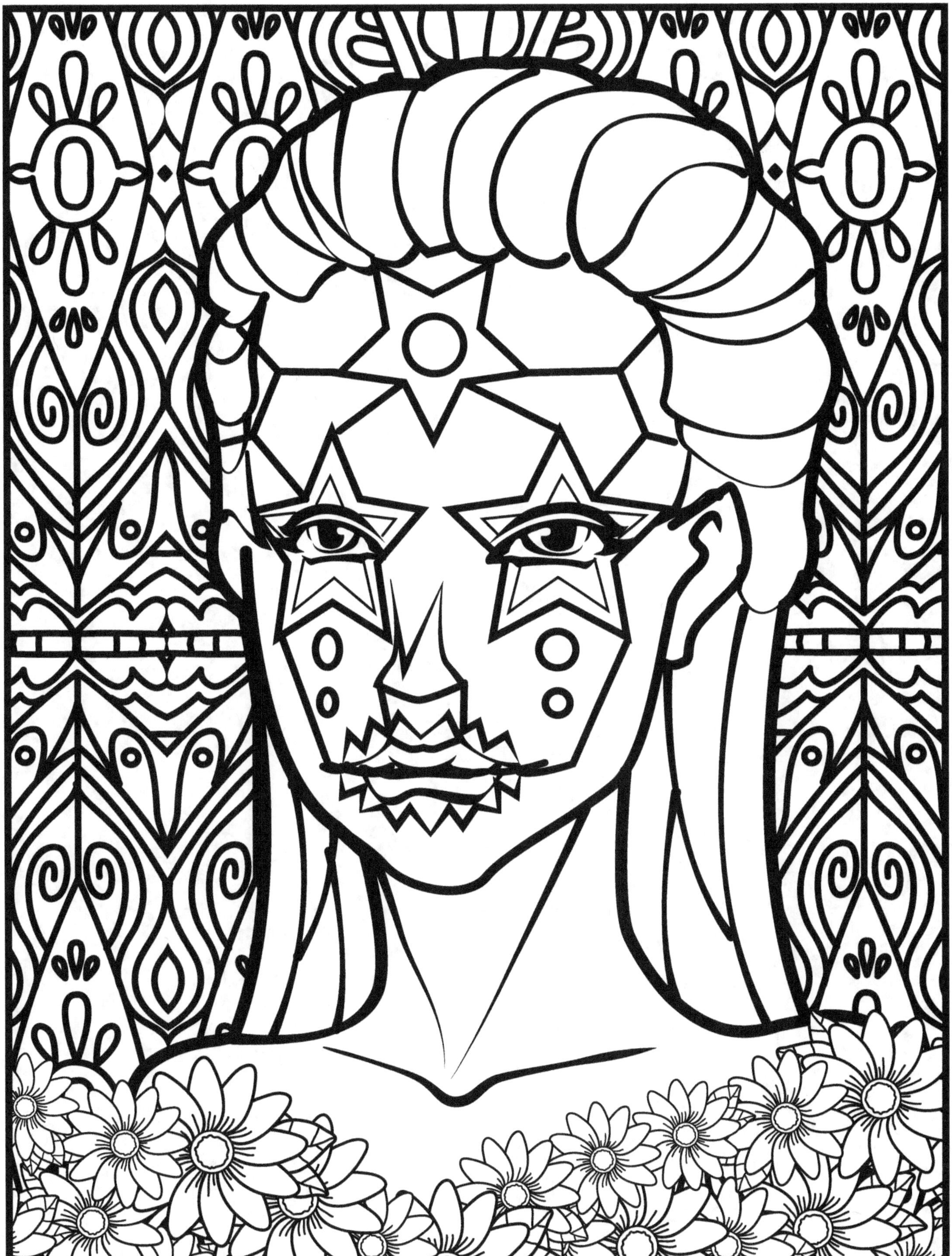

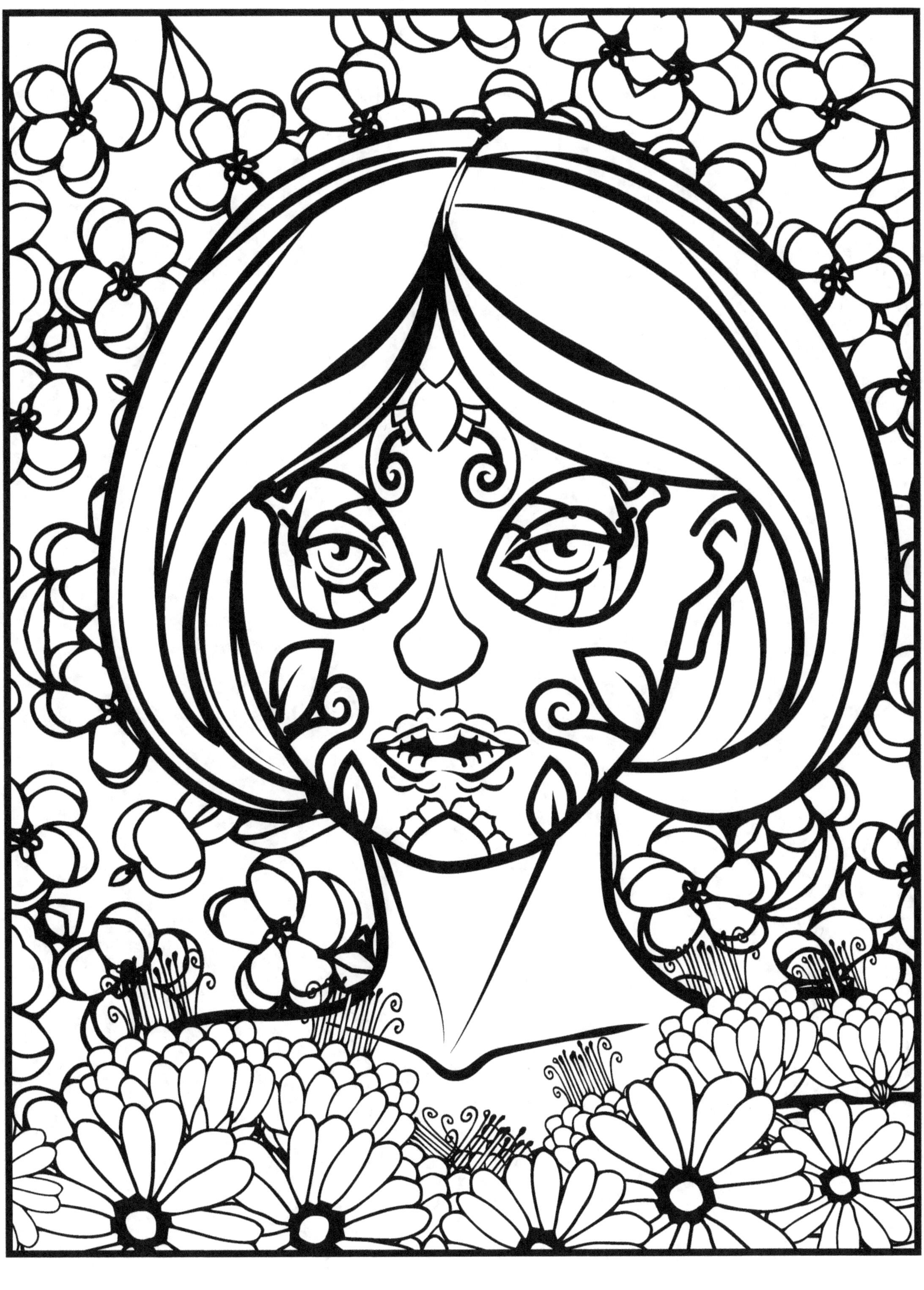

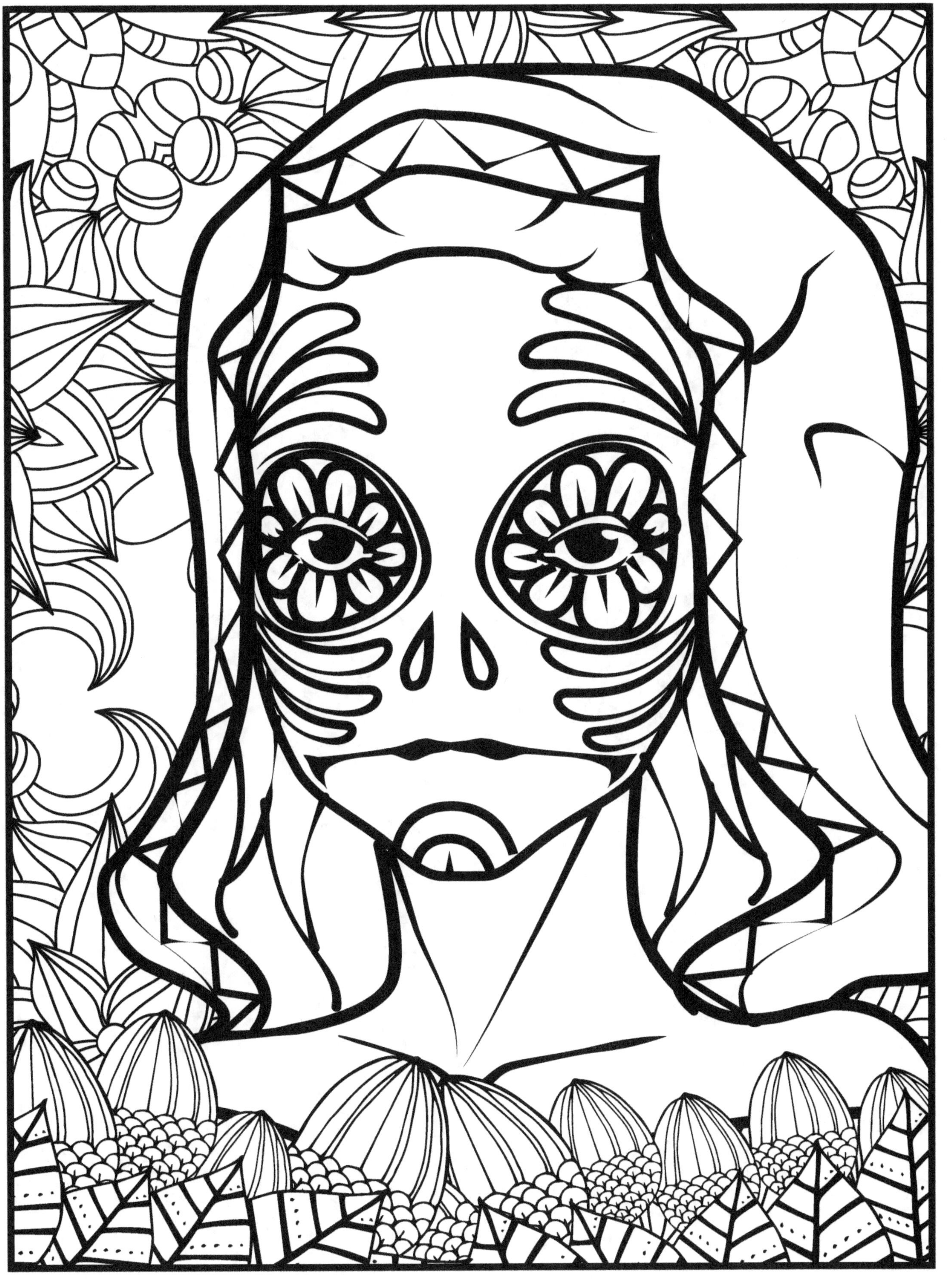

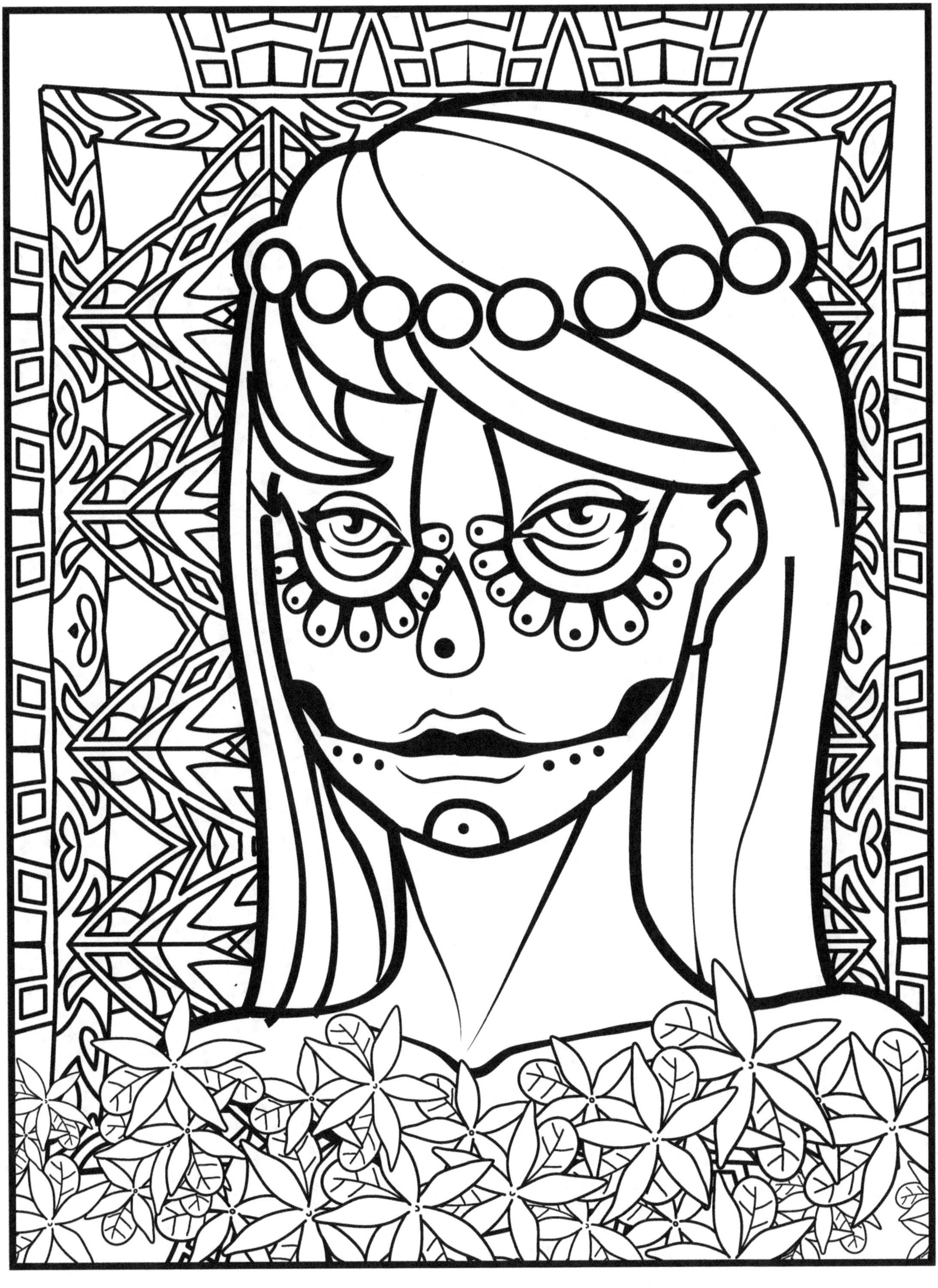

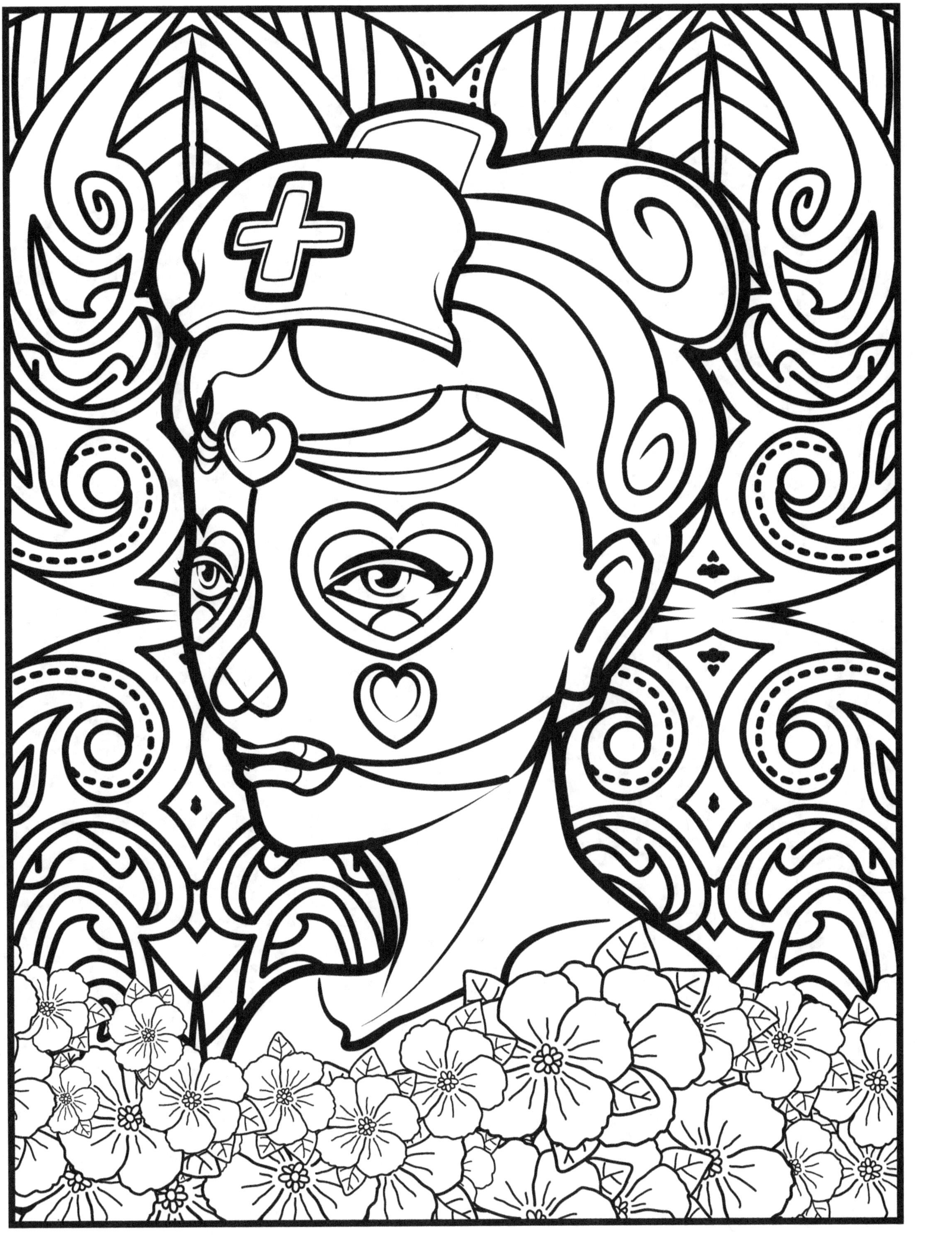

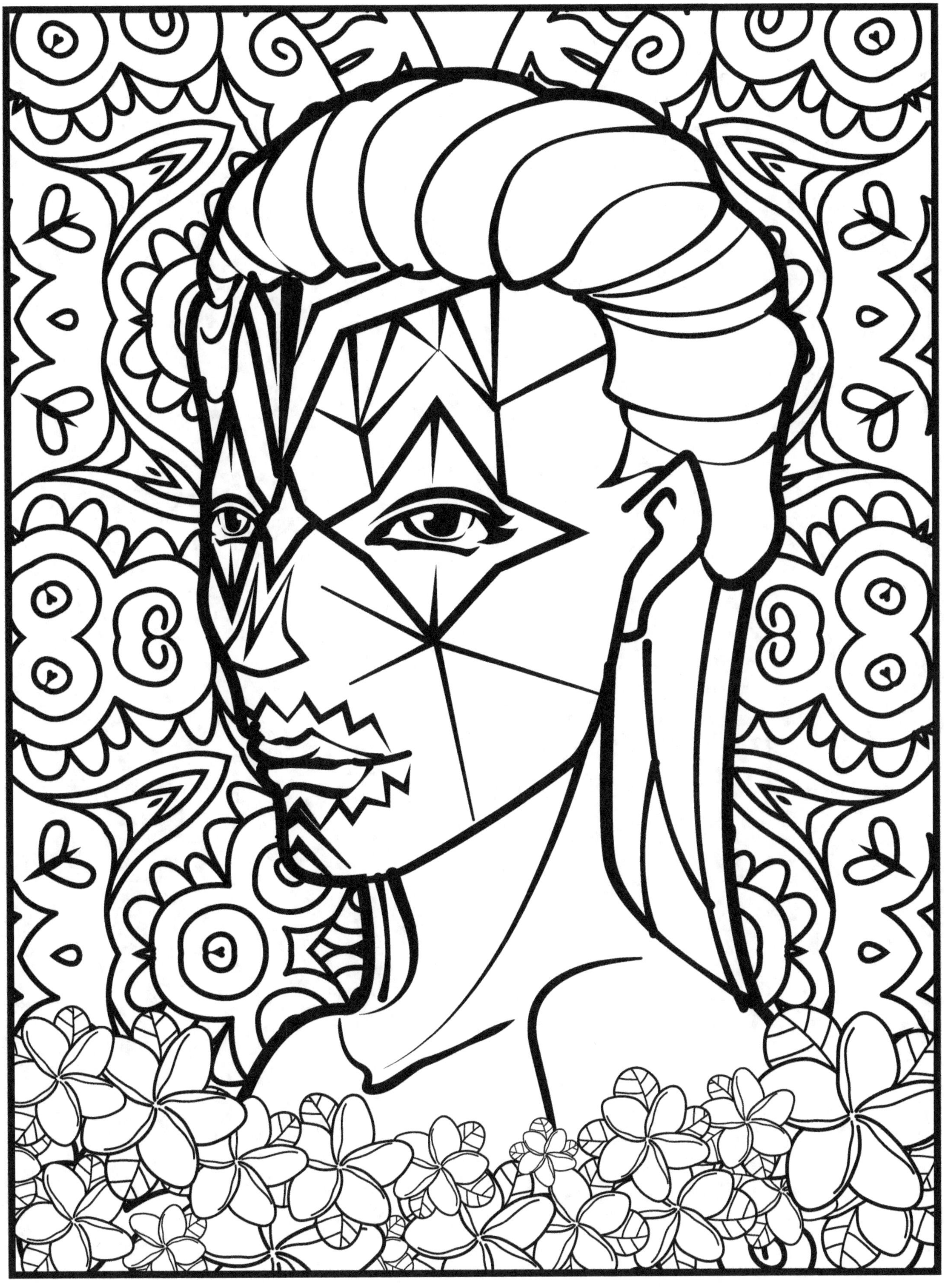

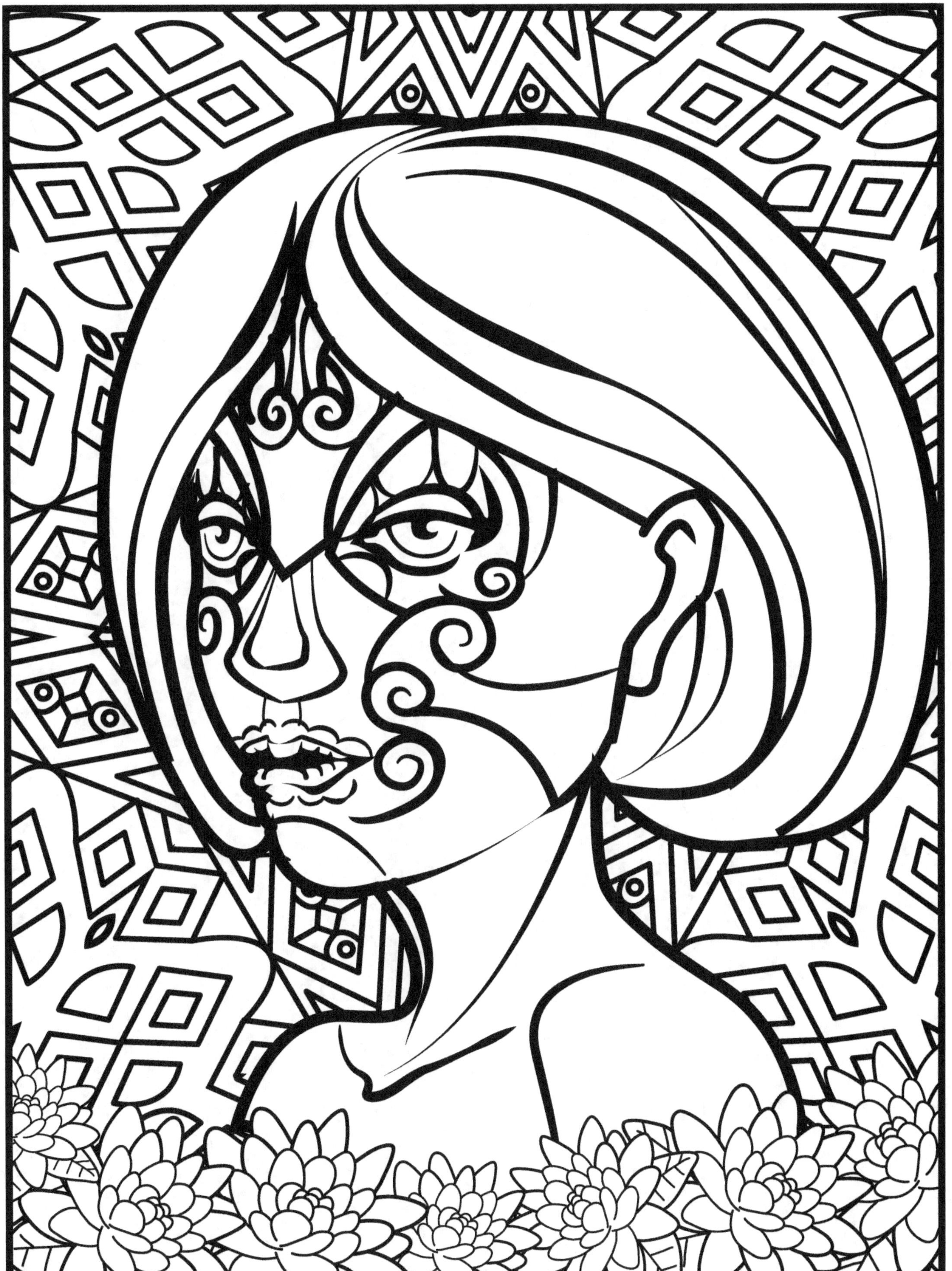

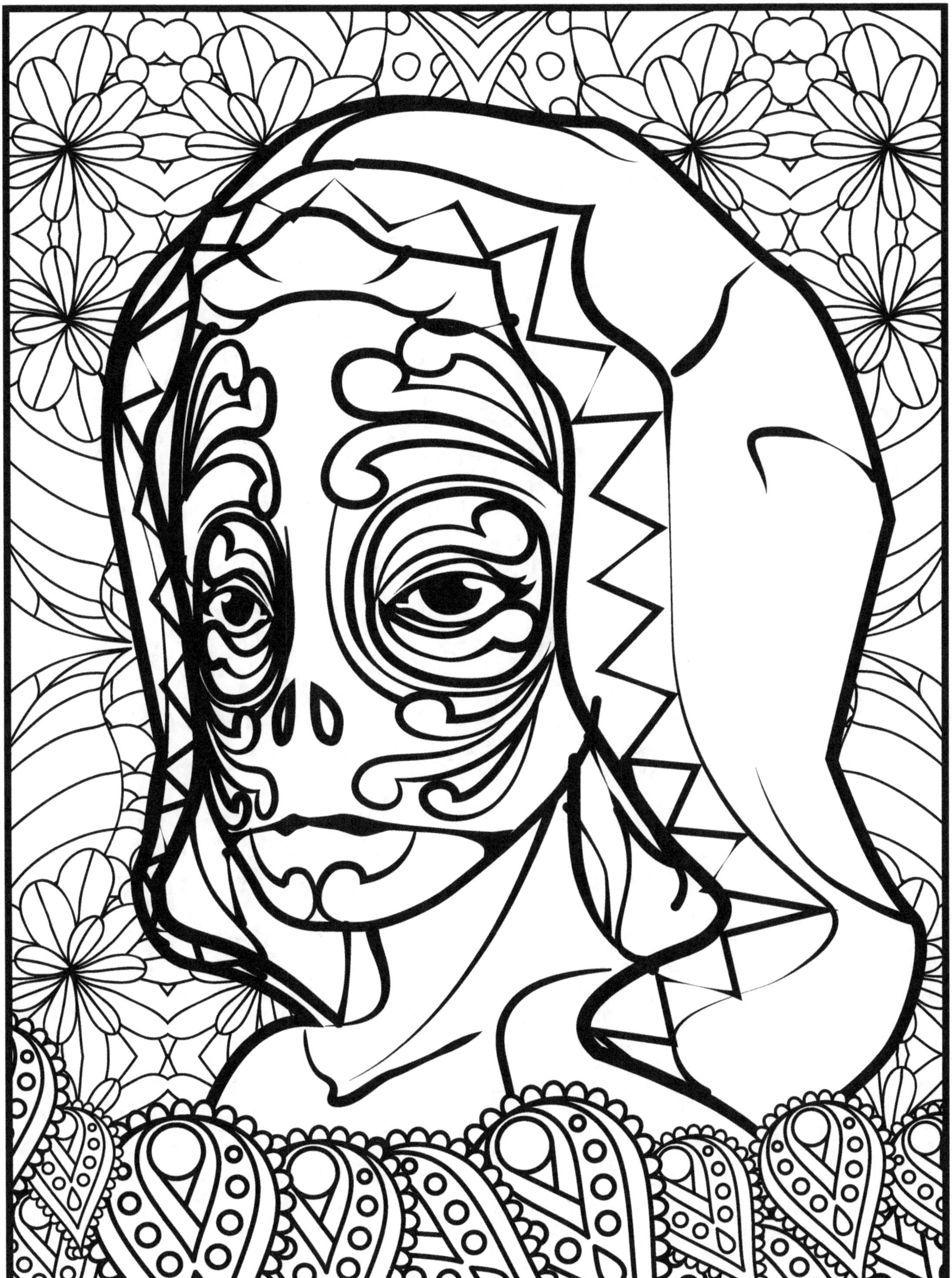

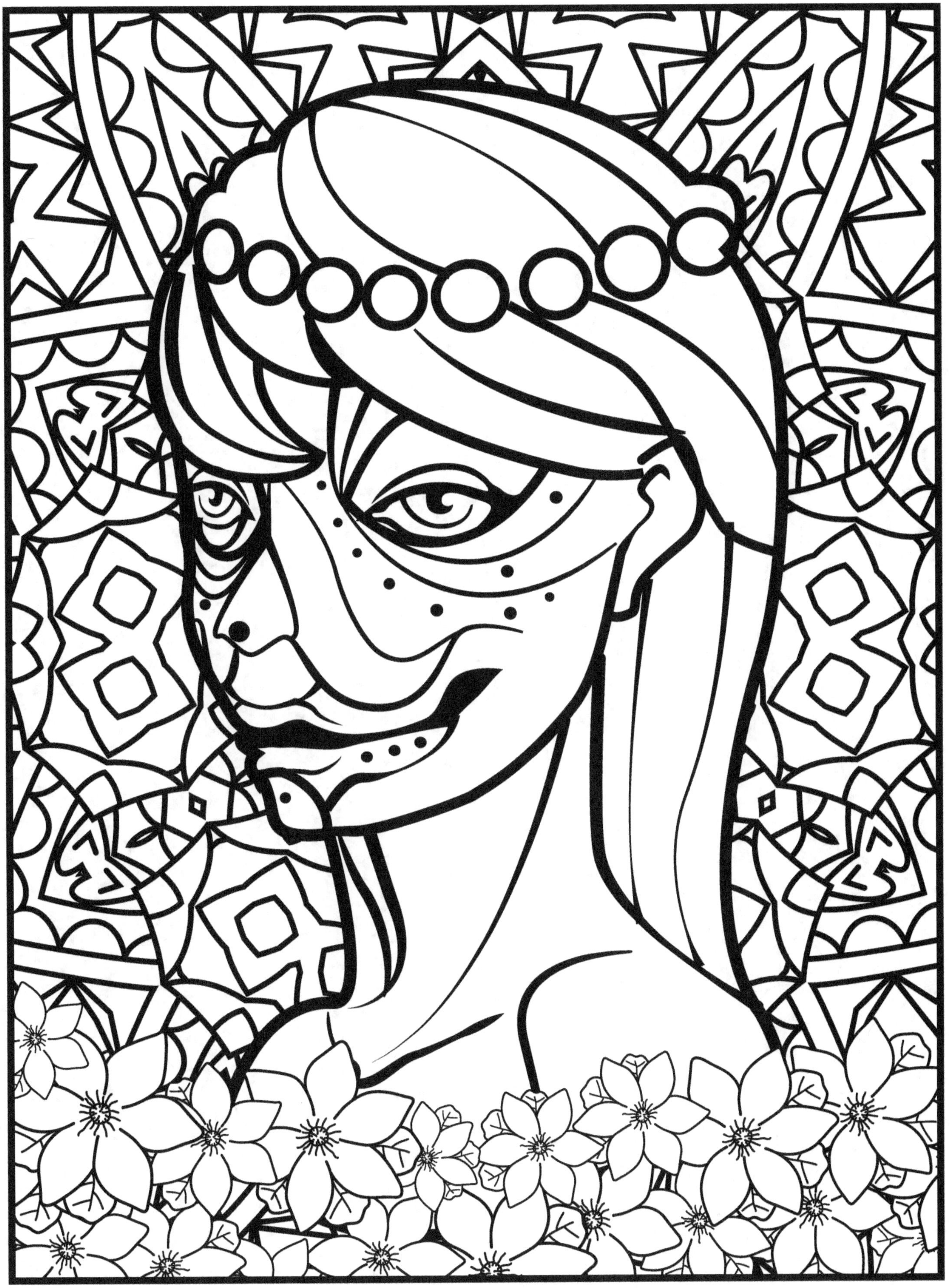

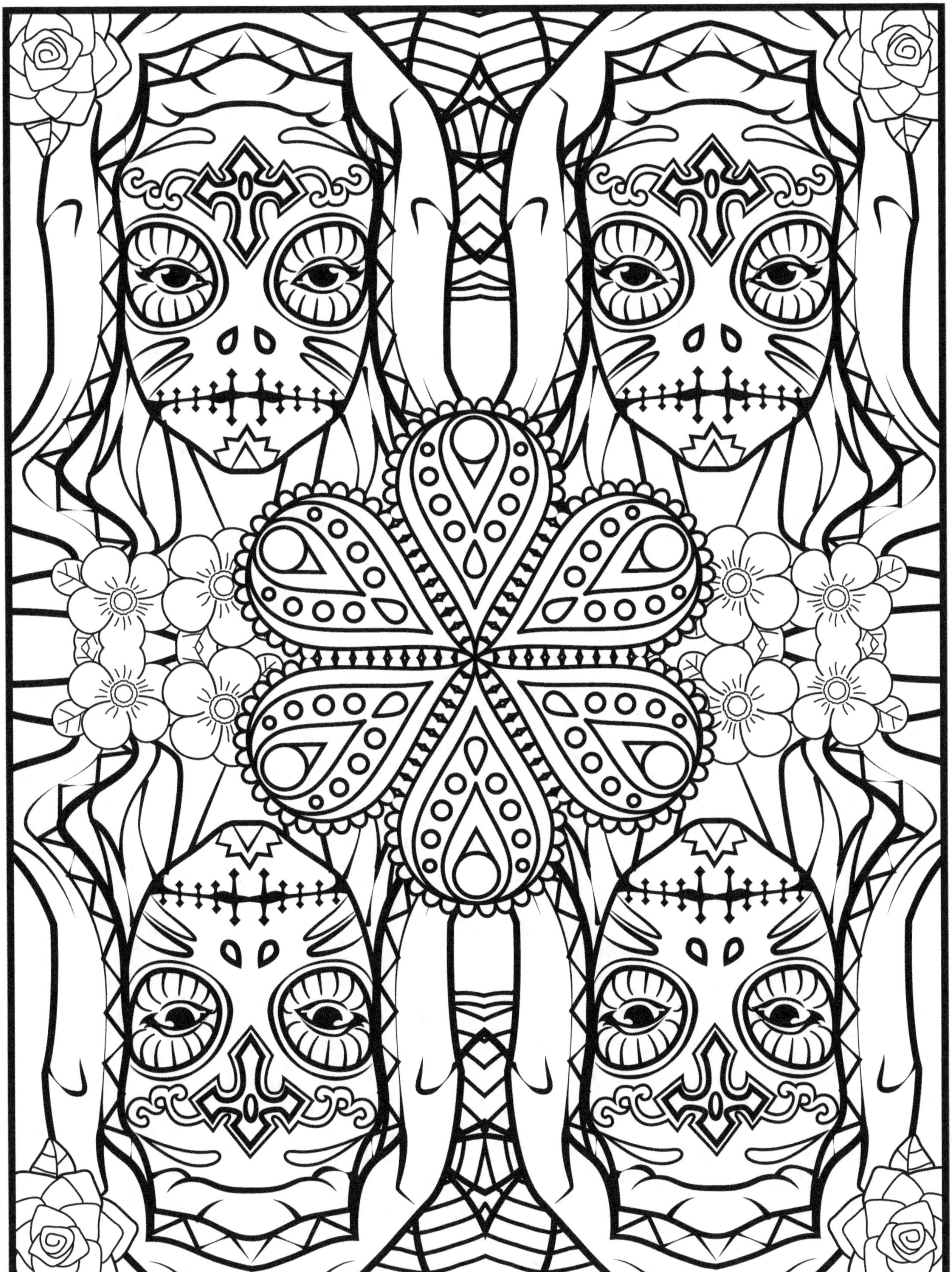

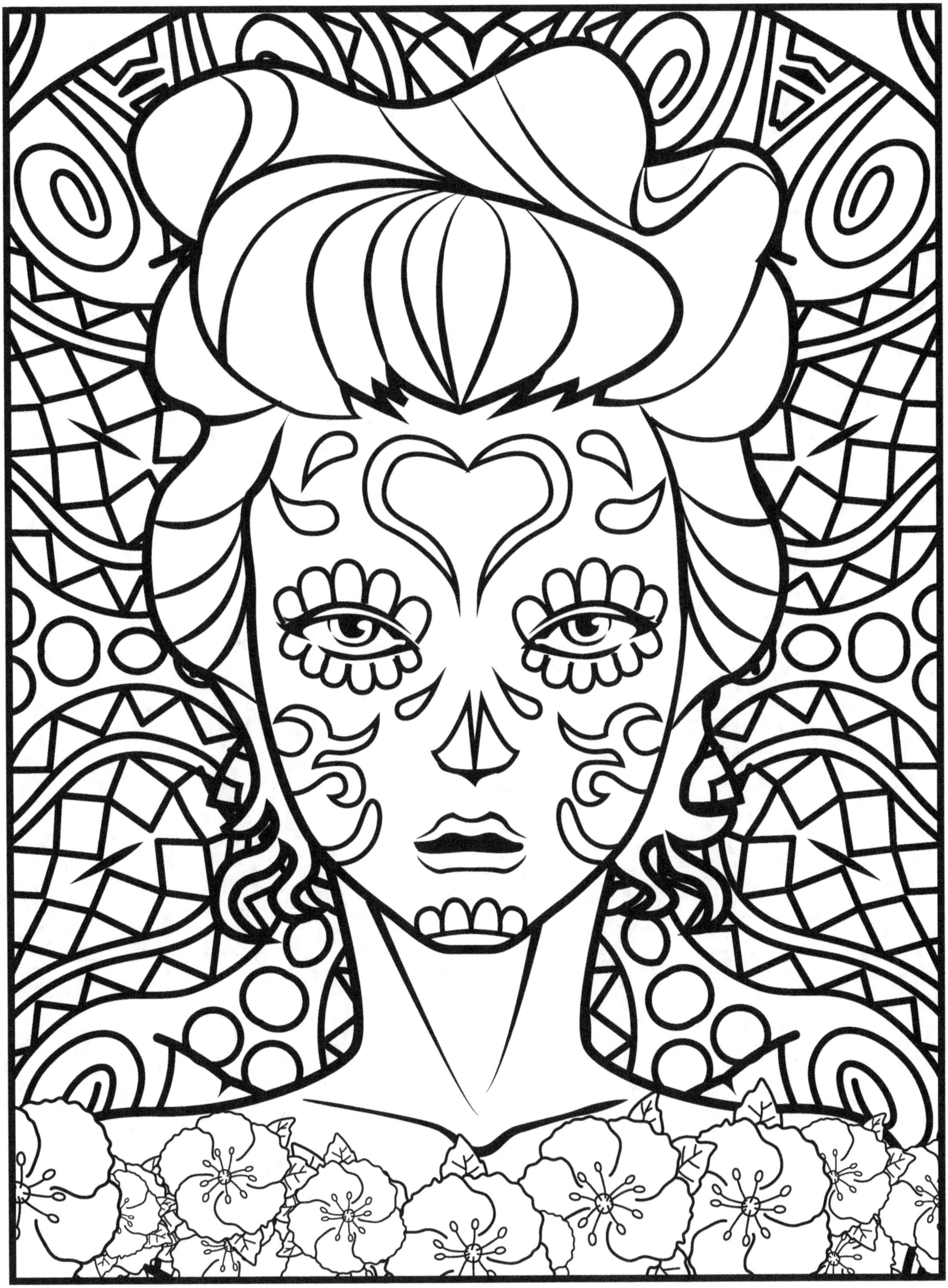

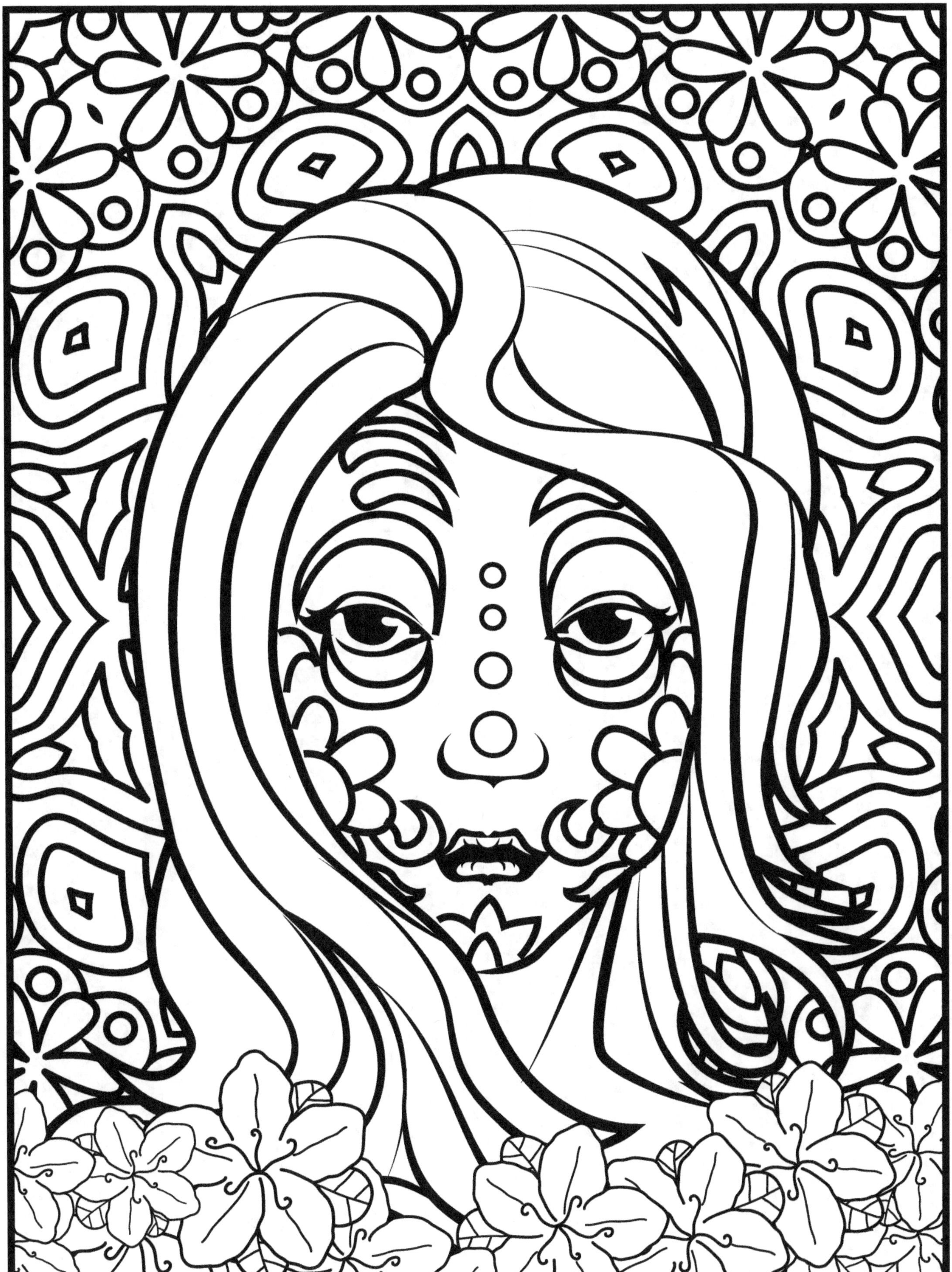

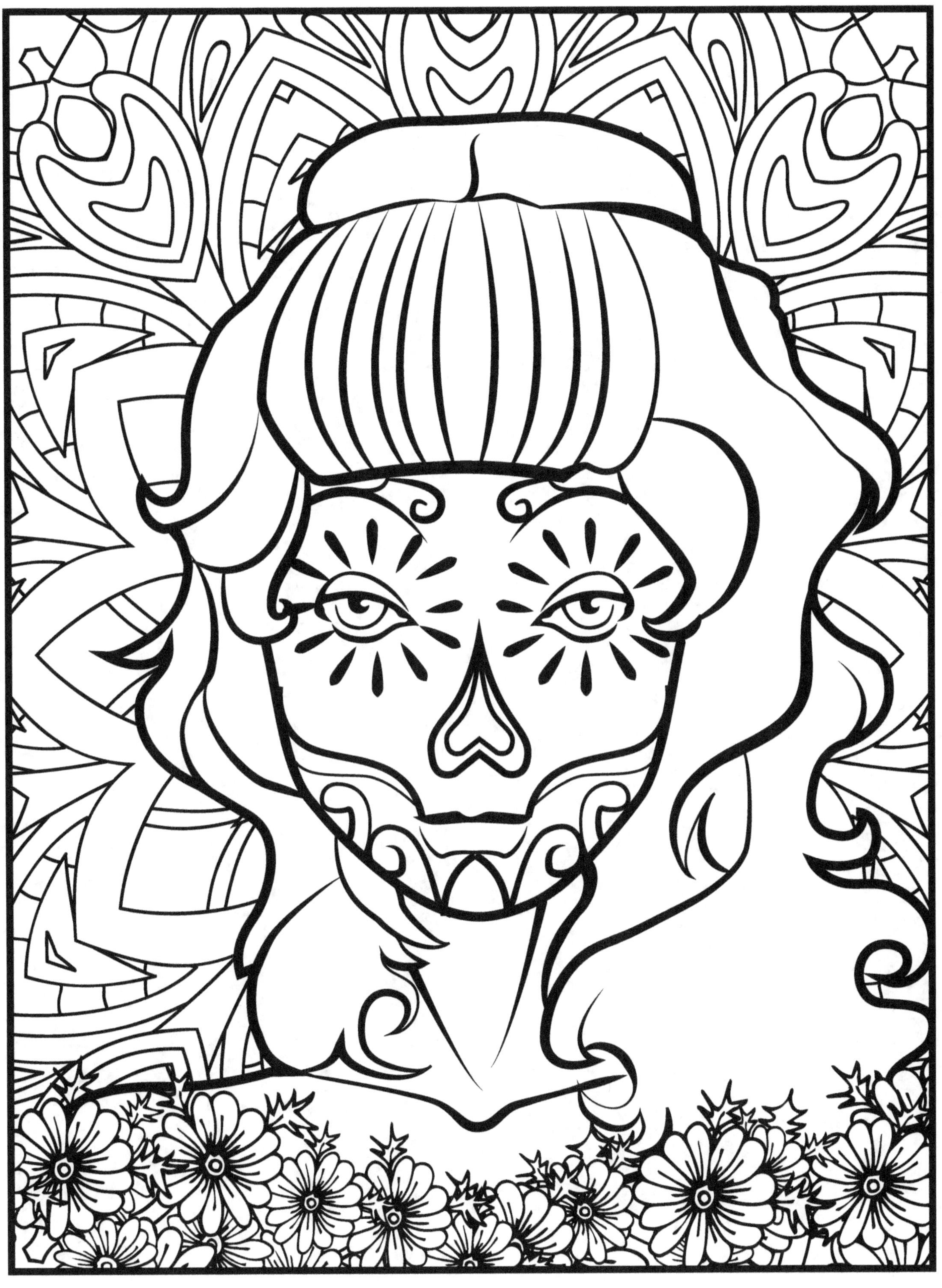

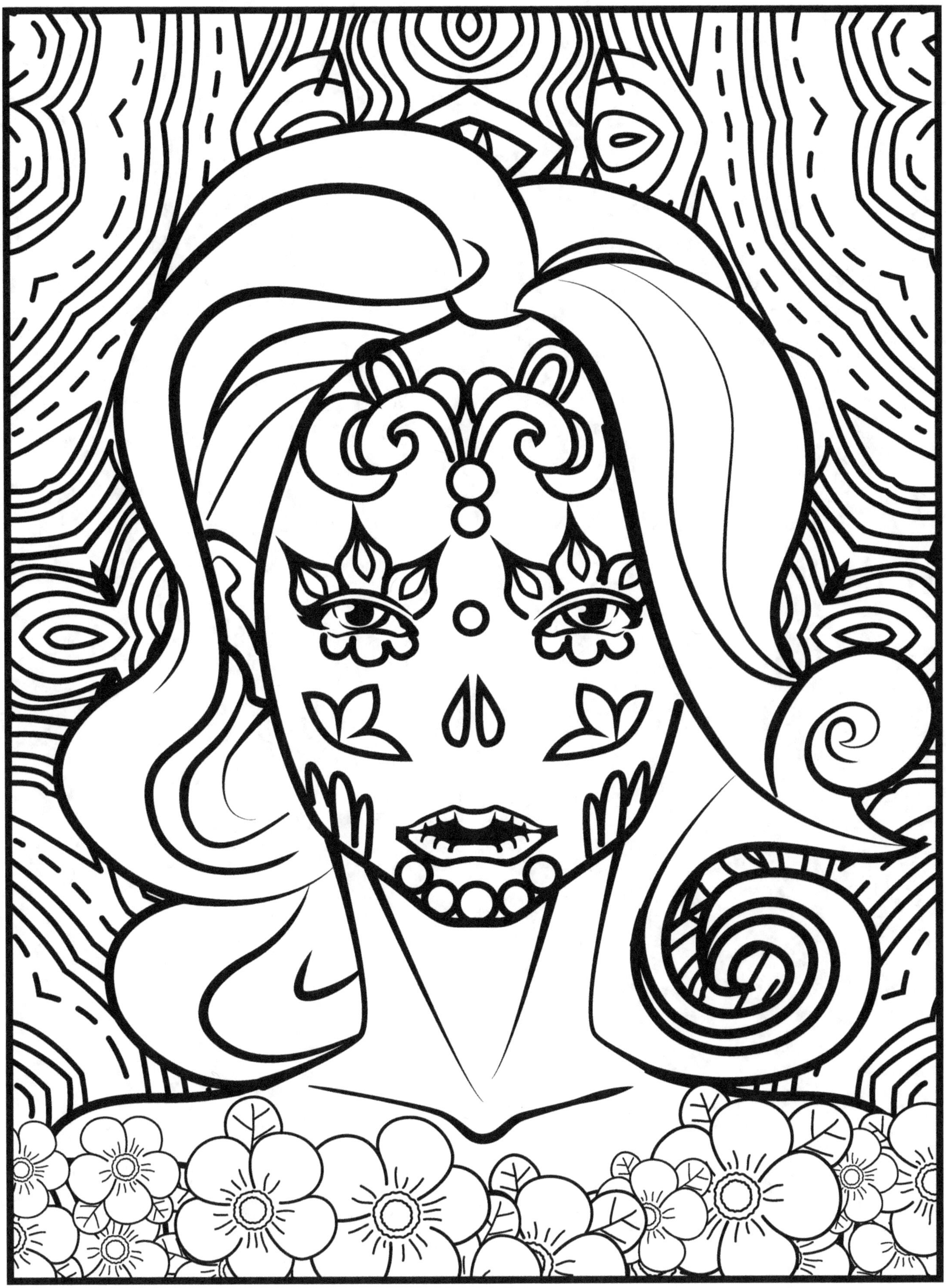

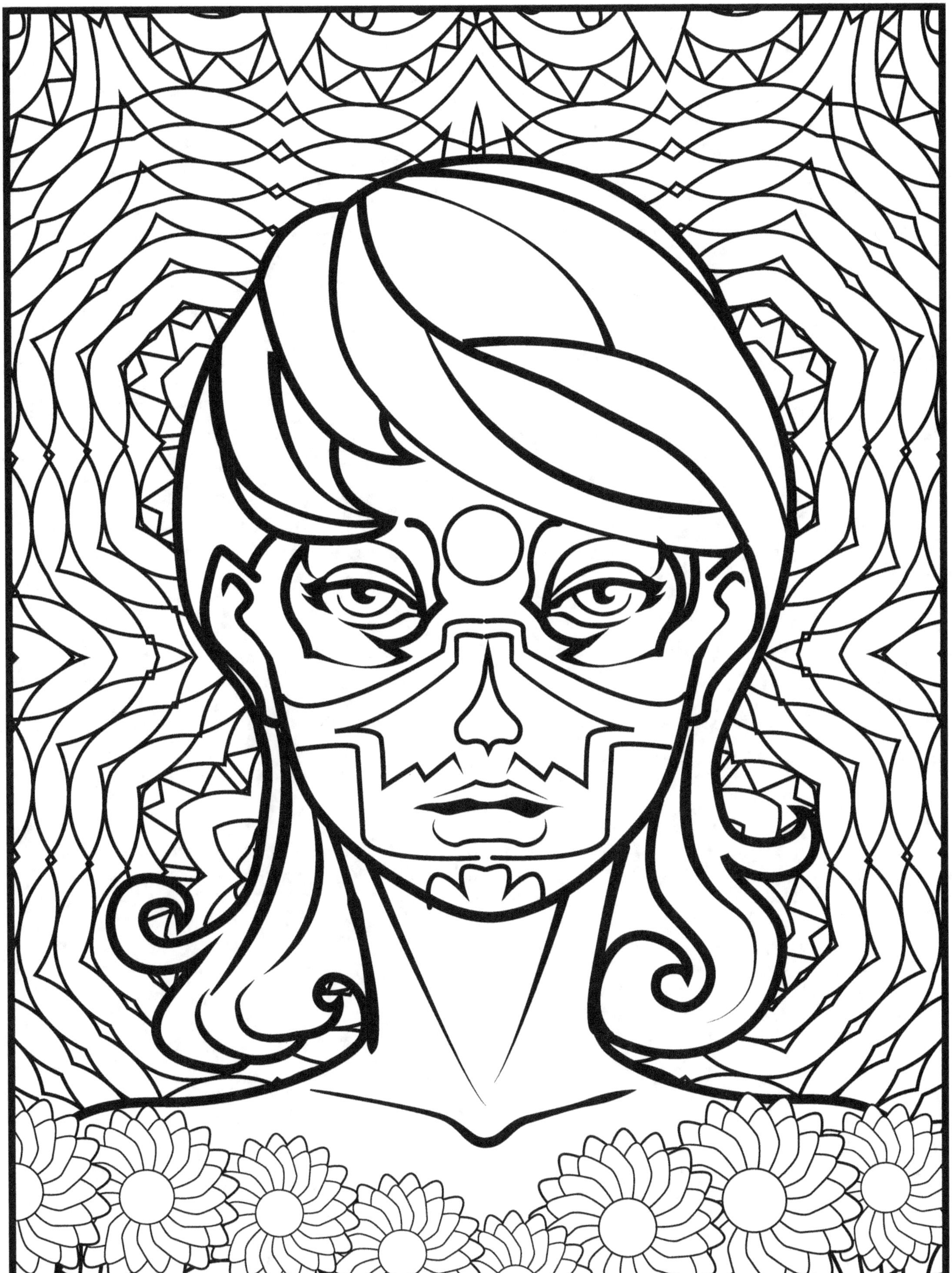

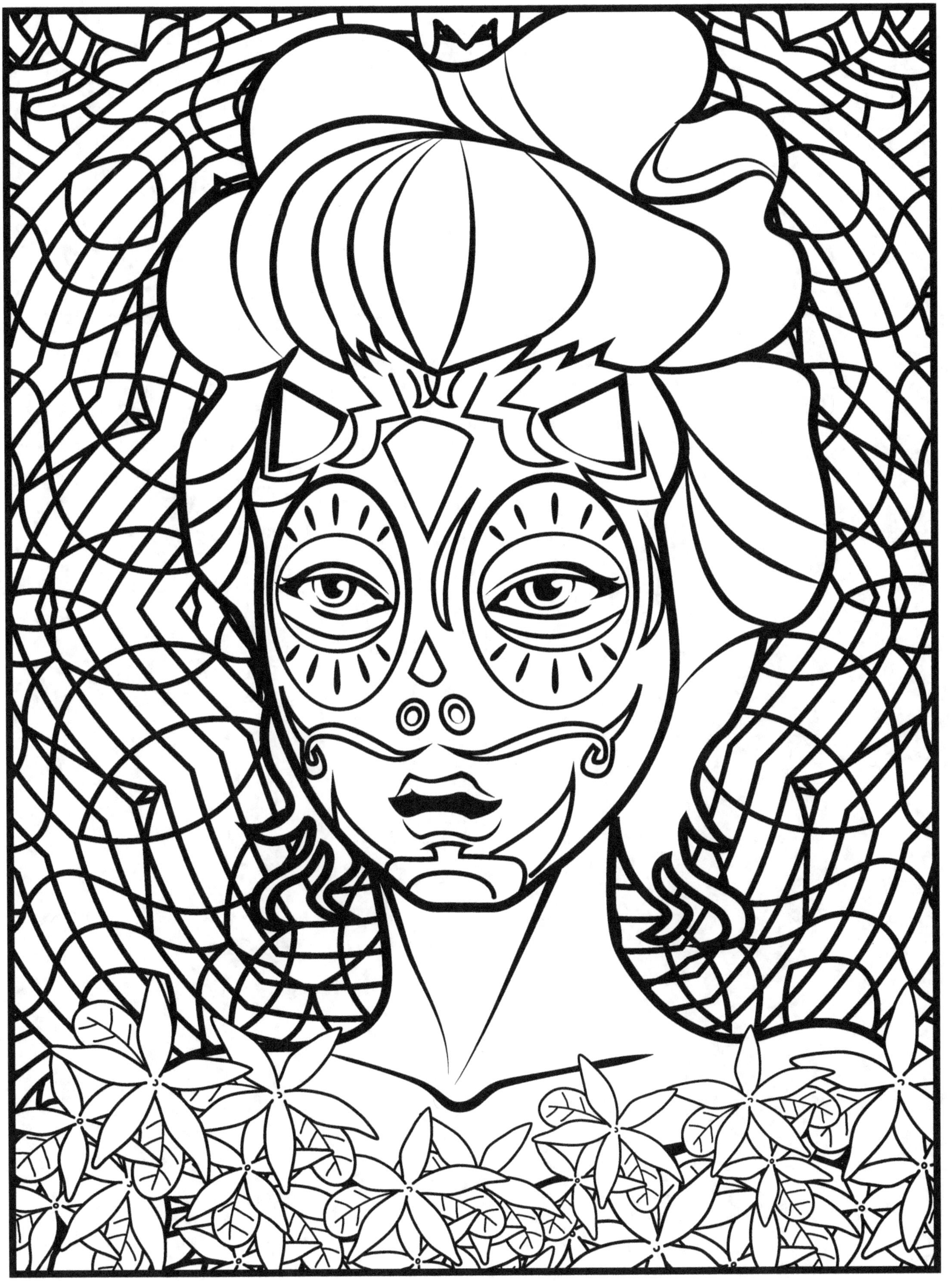

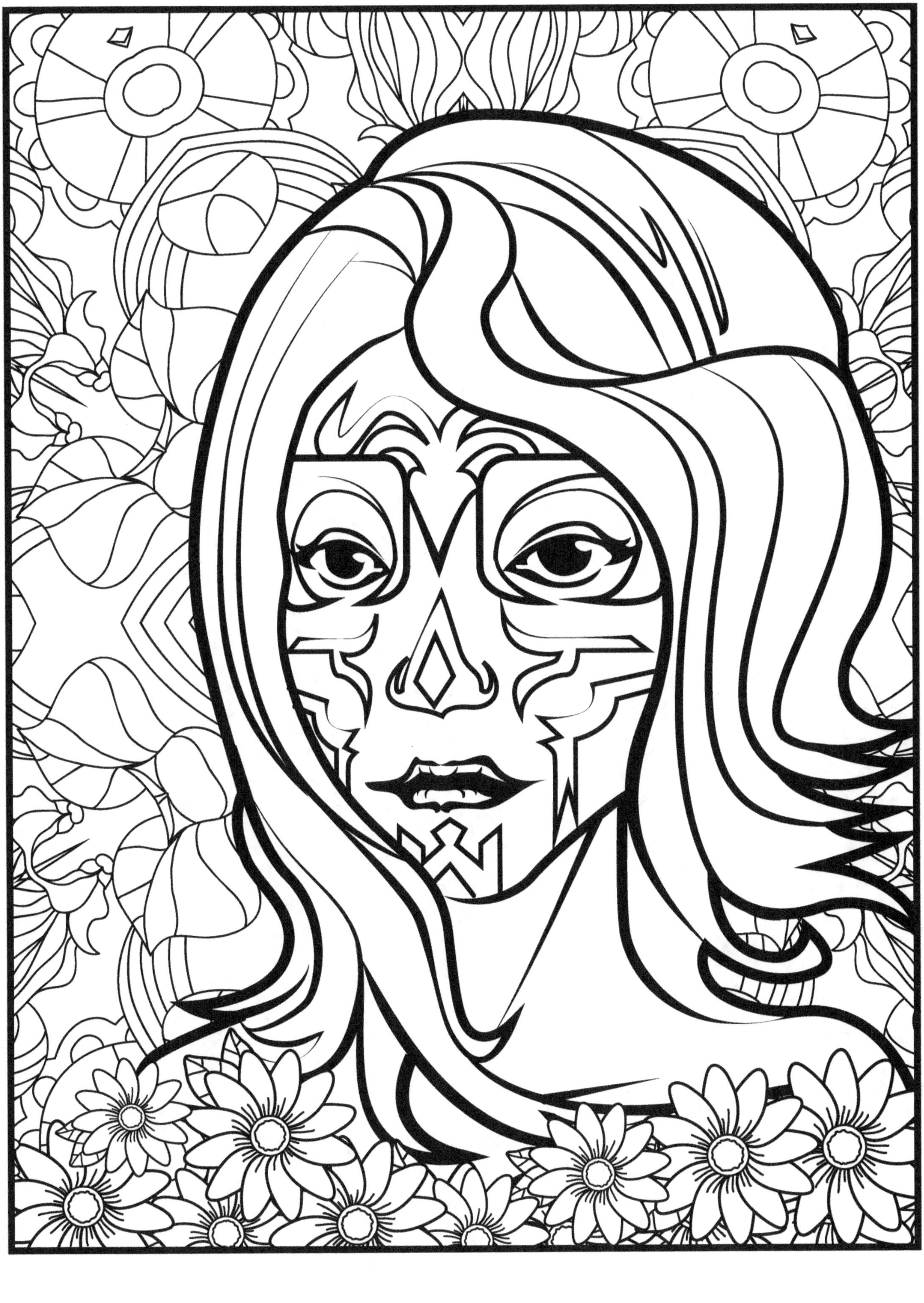

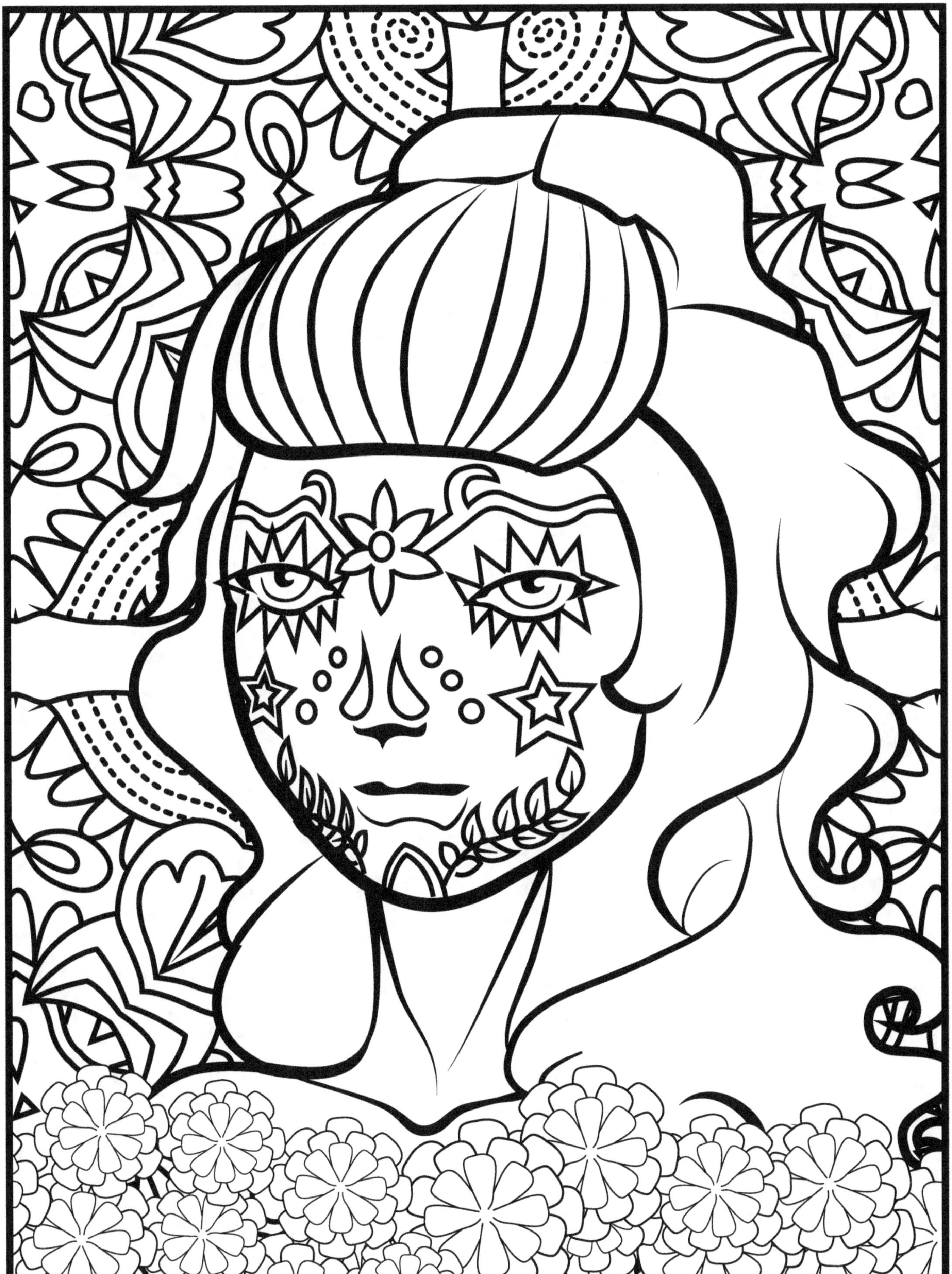

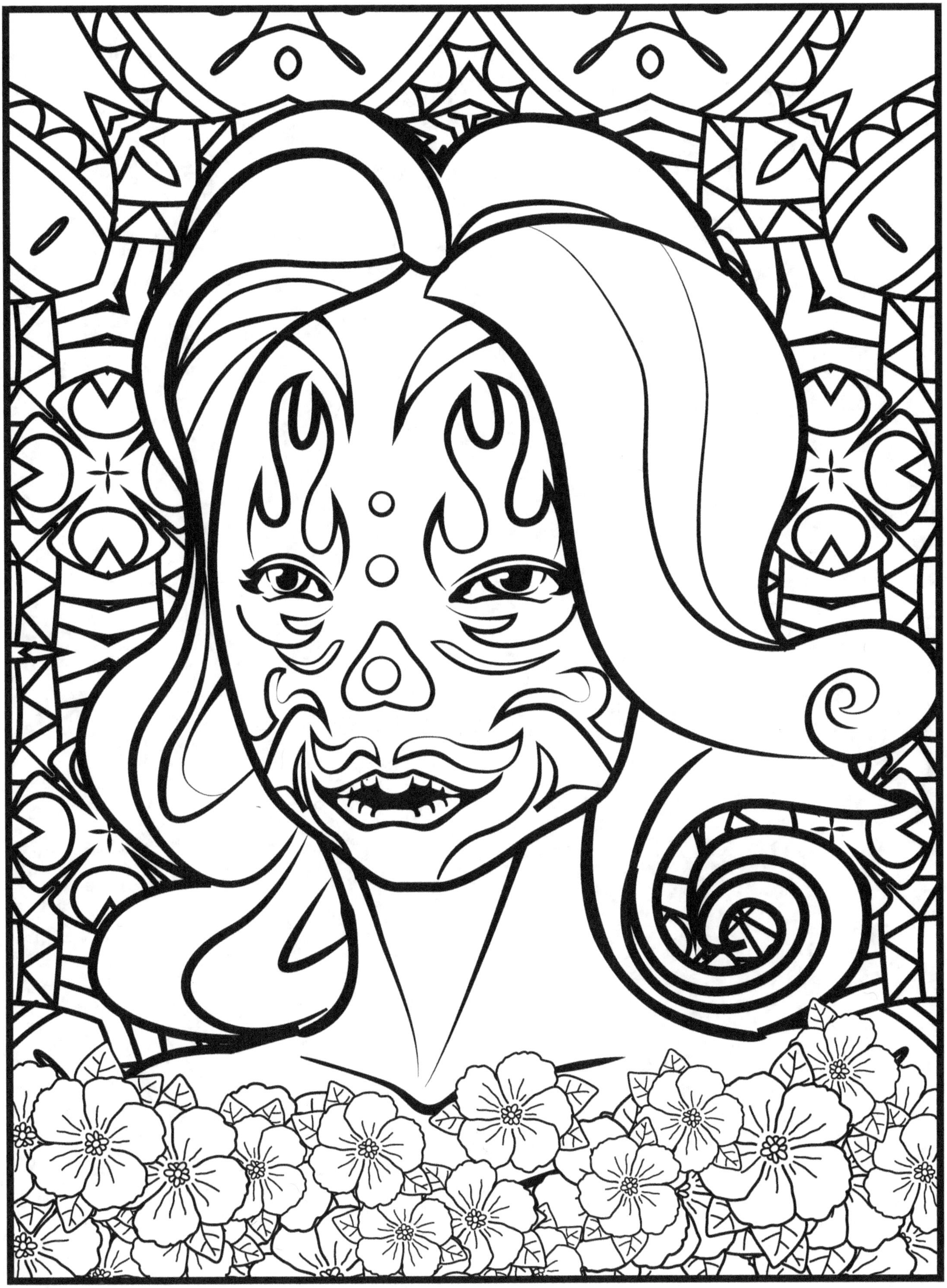

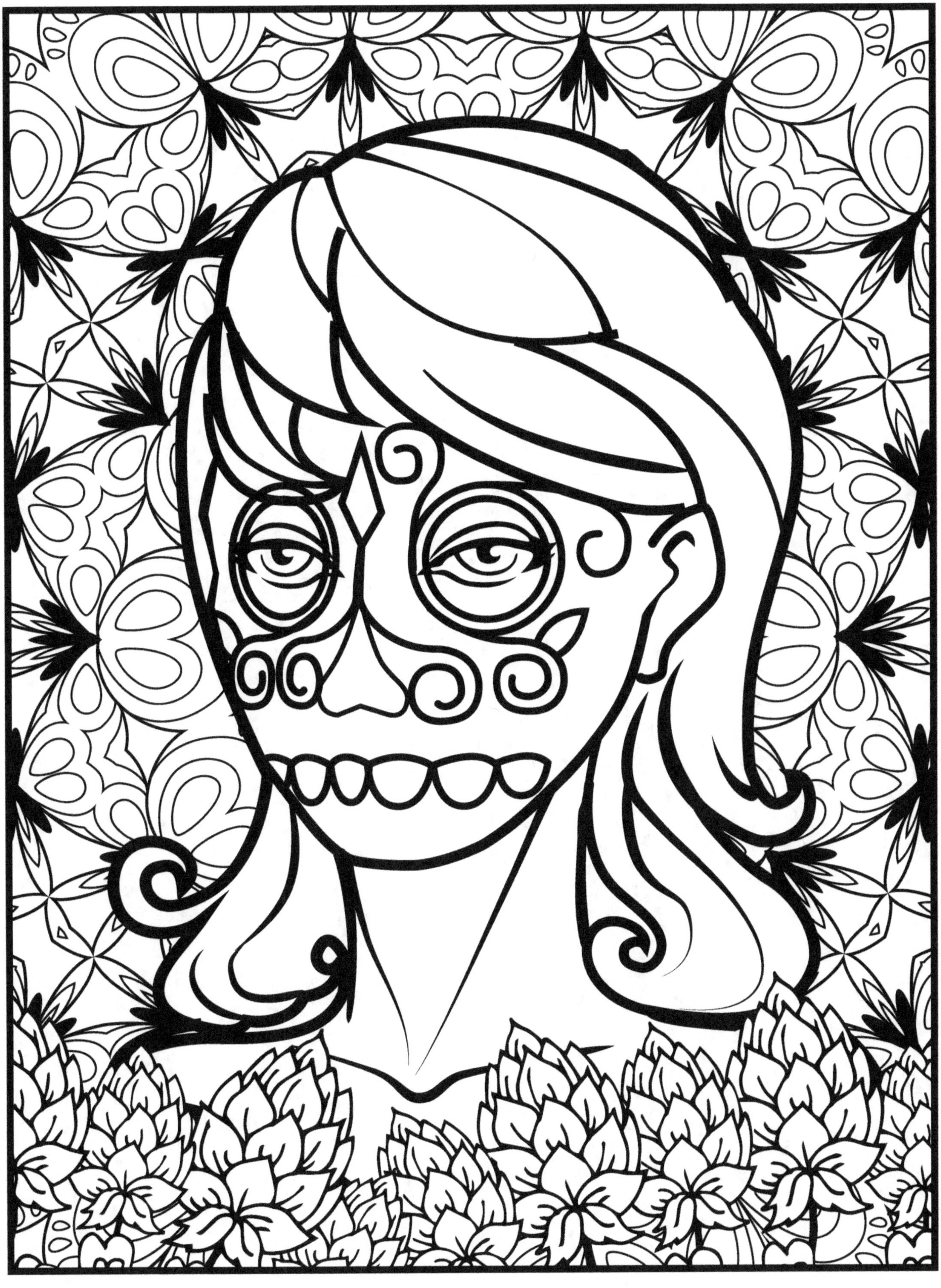

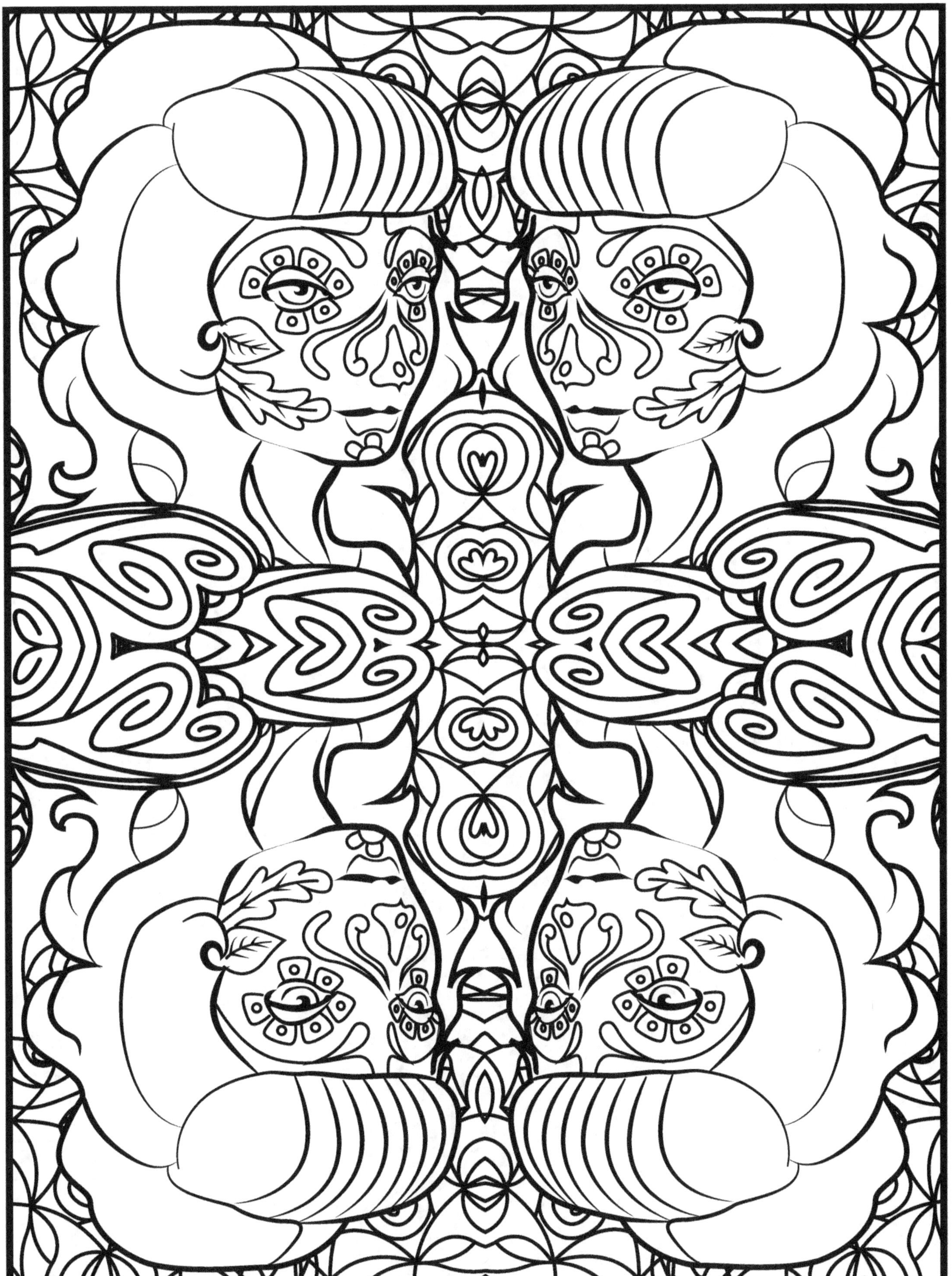

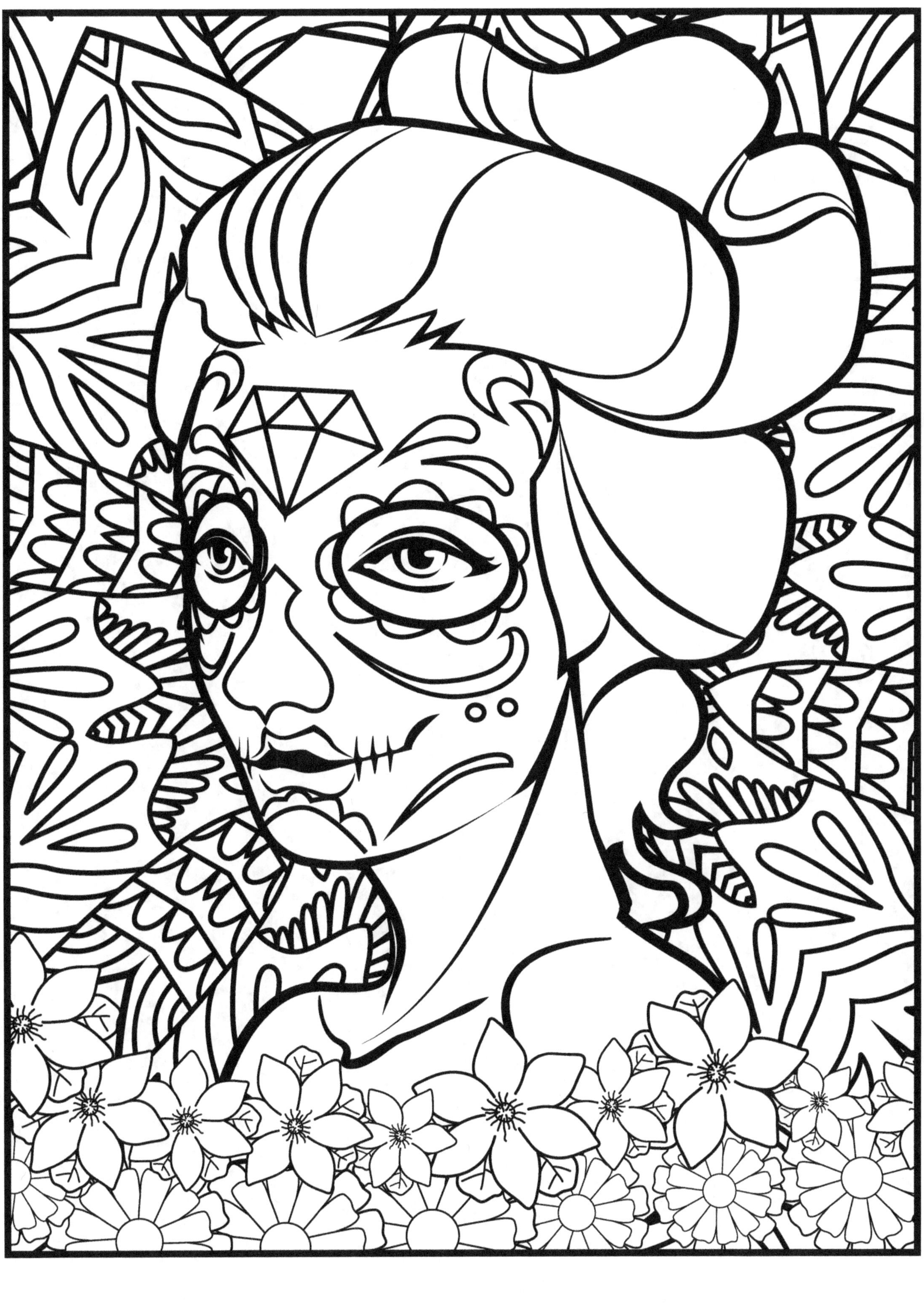

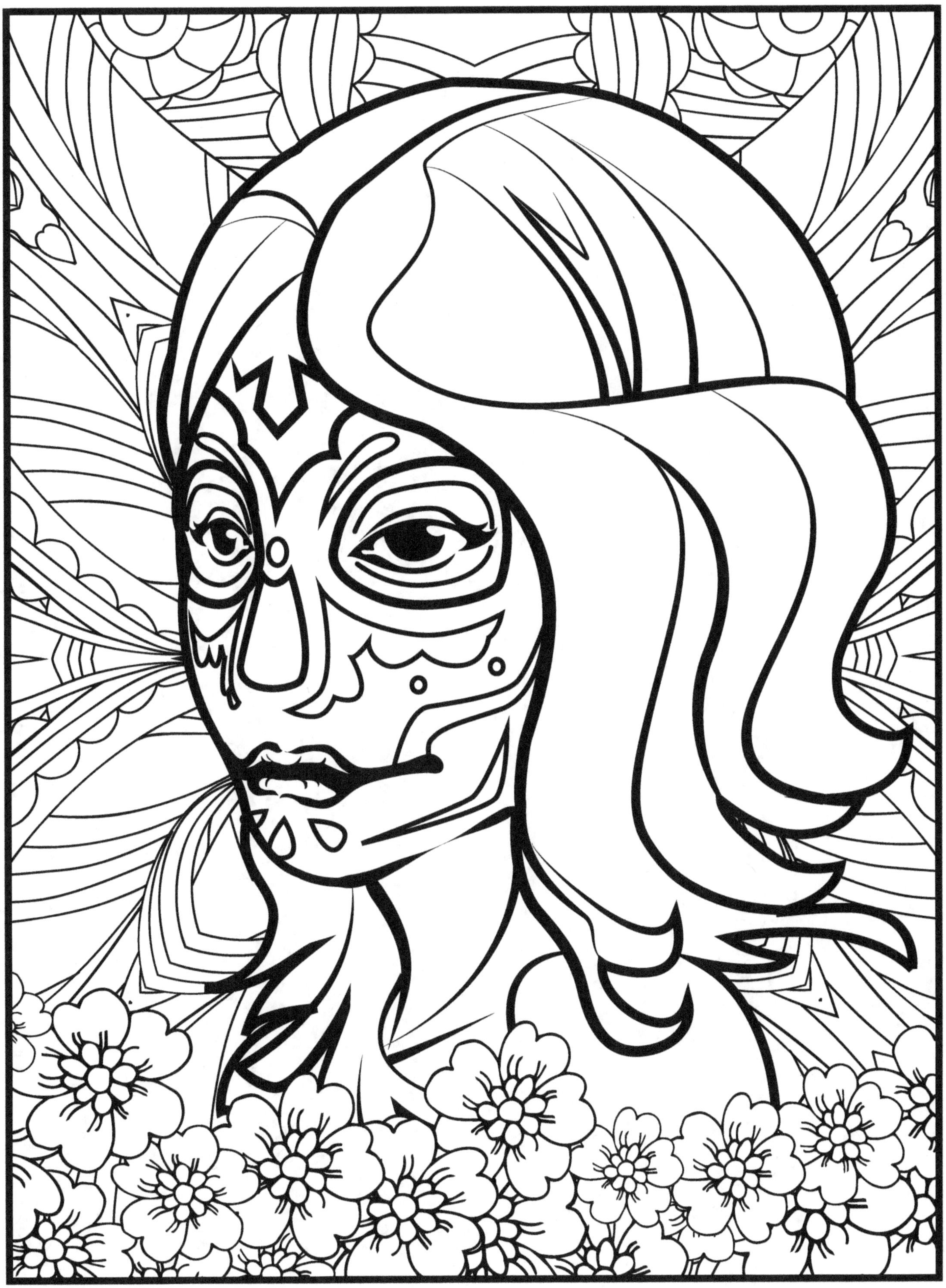

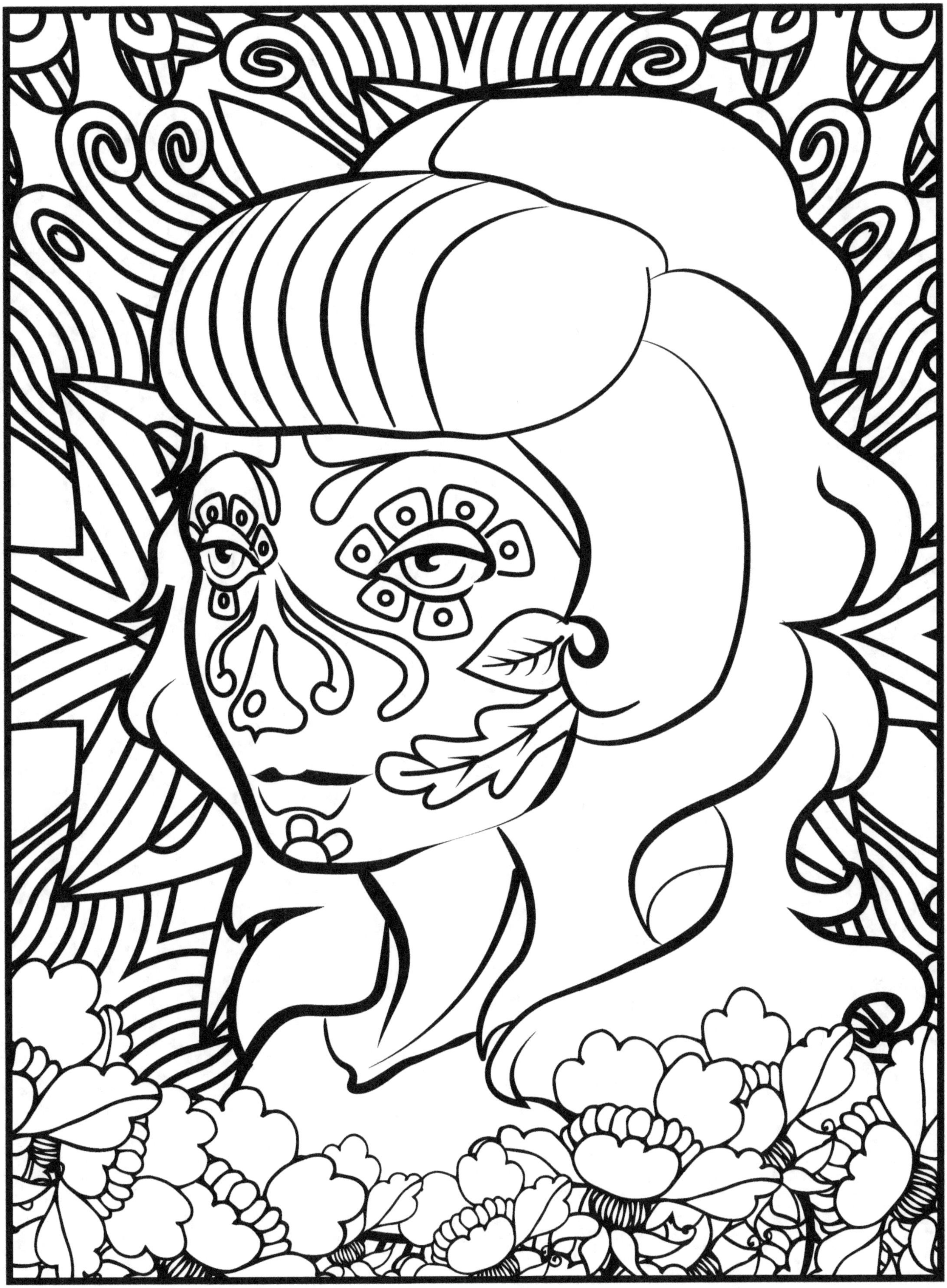

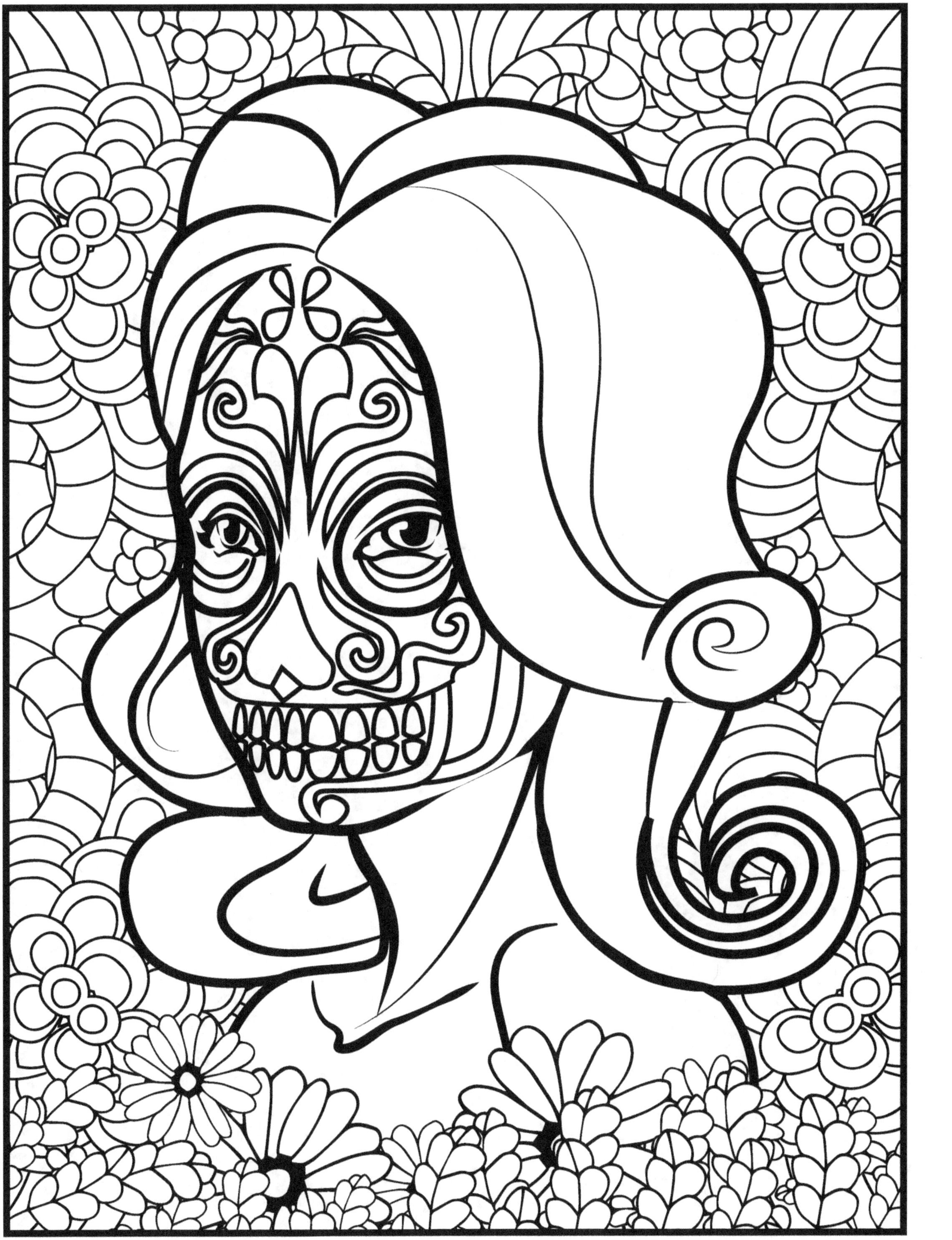

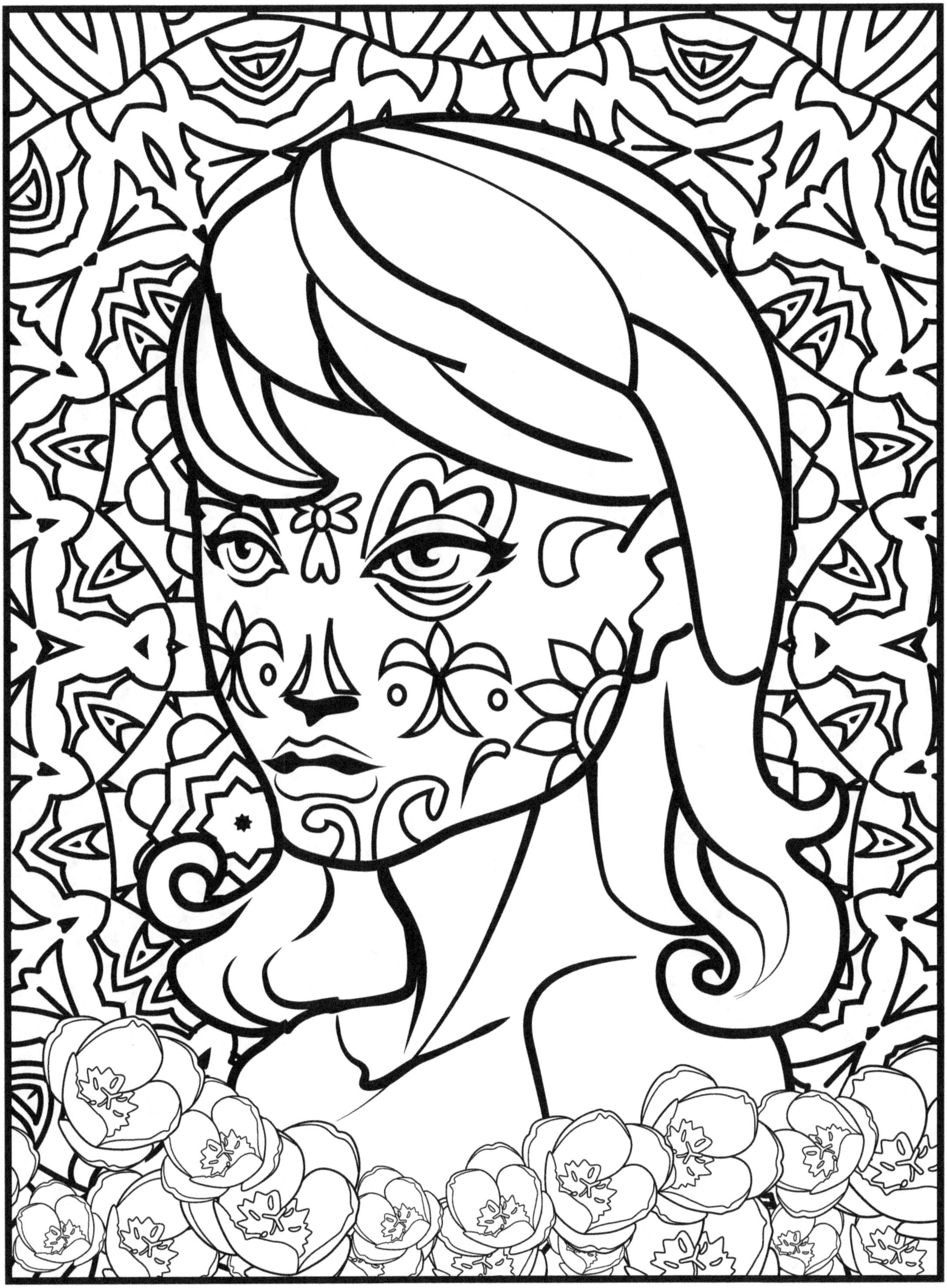

www.ingramcontent.com/pod-product-compliance
Lightning Source LLC
Chambersburg PA
CBHW081150280526
45787CB00008B/3279
* 9 7 8 1 5 1 9 6 0 6 1 7 4 *